Die bibliophilen Taschenbücher

Josef Bieker   Schlösser im Grünen

Josef Bieker

Schlösser im Grünen Adelssitze im Sieger- und Sauerland

Mit einem Vorwort von Jürgen H. Schawacht

Harenberg Edition

Harenberg Edition
Die bibliophilen Taschenbücher Nr. 617
© Harenberg Kommunikation, Dortmund 1991
Alle Rechte vorbehalten
Gesamtherstellung: Druckerei Hitzegrad, Dortmund

Jürgen H. Schawacht

Vorwort   Der Blick auf die Landkarte und der Augenschein vor Ort
bestätigen es – im Grunde ist es ein einheitliches Gebiet: Sauerland
und Siegerland sind Teil des Rechtsrheinischen Schiefergebirges. Seit
fast 200 Jahren sind sie in der preußischen Provinz bzw. dem Landes-
teil Westfalen auch politisch vereint. Historisch handelt es sich jedoch
um verschiedene Räume mit durchaus engen Bezügen und wirtschaft-
lichen Verflechtungen. Westfälisch zu werden war für die Siegerländer
1816 das kleinere von zwei Übeln – wenn sie schon nicht oranisch
bleiben konnten.
     Nomen est omen – die Namen spiegeln in ihrer gängigen Interpreta-
tion die aus der geologischen Struktur erwachsene Gemeinsamkeit. In
vorgeschichtlicher Zeit als vergleichsweise siedlungsunfreundlich lange
gemieden, scheint man sich im Sauerland wie im Siegerland nasse
Füße geholt zu haben. Zugegeben, die Gelehrten waren und sind sich
nicht immer einig, wie es zu der Bezeichnung Sauerland gekommen ist,
aber eine Erklärung wird immer wieder (mit) angeboten. So heißt im
Plattdeutschen Sauerland **Suerland,** und noch heute nennt man dort
feuchte Wiesen oder Äcker **suer.** Für das Siegerland indes gilt, daß der
Name seines Quellflusses Sieg bei den Kelten, den ersten Siedlern um
600 v. Chr., rinnendes, versickerndes Wasser bedeutet hat.
     Das Sieger- und Sauerland umfaßt das überwiegend grüne Bergland
zwischen der Möhnetalsperre im Norden und den ehemals nassauischen
Stammlanden um Siegen im heutigen Südzipfel Westfalens. Von Hat-
tingen im Westen reicht die Region bis Marsberg im Osten. In seiner
Nord-Süd-Ausdehnung wird der Raum vom Rothaargebirge mit dem
Astenberg, dem mit 841 Metern höchsten Berg des Landes, bestimmt

und von der Autobahn Sauerlandlinie verkehrsmäßig großräumig eingebunden und durchschnitten.

Das von Südost nach Nordwest abfallende geschlossene, von zahlreichen Bächen zertalte Rothaargebirge ist Wasserscheide zwischen Rhein und Weser. Die unterhalb Winterbergs entspringende Ruhr nimmt die meisten sauerländischen Flüsse auf: Henne und Wenne, Röhr und Hönne, dazu Lenne, Volme und Ennepe einerseits sowie vom Norden her vor allem die bei Brilon entspringende Möhne. Das südliche Ende des Rothaargebirges ist Quellgebiet von Sieg, Eder und Lahn. Sieg und Lahn münden in den Rhein. Erstere auf direktem Weg, ihre Quellmulde südwestwärts verlassend, letztere sich zunächst ostwärts wendend und dann im großen Bogen nach Süden bzw. Westen fließend. Die Eder behält ihre eingeschlagene Richtung nach Osten bei und mündet in die Fulda. Dieser große Wasserreichtum hat dazu geführt, daß die Landschaft in jüngster Zeit ein von künstlichen Seen und Talsperren geprägtes neues Aussehen hat.

Kuppen und Kämme des vielgestaltigen Berglandes sind ausgedehnt bewaldet. Die Fichte, seit der Industrialisierung vor allem vom Ruhrbergbau für den Untertageausbau sehr begehrt, bestimmt heute weitgehend – zu 80 % – das Landschaftsbild. Nur im Süden hat sich noch der bis zur Jahrhundertwende im ganzen Gebiet vorherrschende Laubwald stärker behauptet.

Werbewirksame Slogans wie «Land der tausend Berge» und «Land der Höhlen und Talsperren» sollen helfen, ganzjährig Touristen für diese «bucklige Welt» zu interessieren, deren Ursprünglichkeit z. T. in Naturparks – Rothaargebirge, Homert mit Hennesee, Ebbegebirge mit Biggesee – bewahrt wird.

Auch die zahlreichen Burgen, Schlösser, Schlößchen und Herrensitze ziehen Besucher an. Die ältesten Bauwerke gehen bis ins Mittelalter zurück und lassen den Geist vergangener Zeiten aufleben. Die Faszination, die sie auf den Betrachter ausüben, soll keineswegs geschmälert werden durch die Feststellung, daß aus dieser frühen Zeit, wenn überhaupt, nur noch ein schmuckloser, im Laufe der Zeit mehrfach veränderter Restbestand erhalten geblieben ist.

Große Teile des Sauerlandes waren im 11. Jahrhundert in der Hand der damals in Arnsberg residierenden Grafen von Werl. Gleichzeitig hatte das Erzbistum Köln nach Übertragung des südwestfälischen Missionsbezirks hier bedeutenden Grundbesitz erworben. Die Quellmulde der Sieg dagegen war in der Hand der Grafen von Nassau bzw. ihrer Vorgänger. Unter Erzbischof Friedrich I. (1099–1131) wurden erstmals Bestrebungen zur Schaffung einer weltlichen Macht seitens des Kölner Erzbistums deutlich. Die um 1102 durch Friedrich I. erzwungene Abtretung der halben Arnsberger Grafschaft hatte zur Folge, daß erzstiftischer Besitz das ganze Arnsberger Territorium durchsetzte. Der Sturz und die Ächtung Heinrichs des Löwen (1180) brachten eine weitere Festigung der erzbischöflichen Stellung unter Philipp von Heinsberg (1167–1191). Dann war es namentlich Erzbischof Engelbert von Berg (1216–1225), der eine planvolle Ausdehnung des Herzogtums über ganz Westfalen versuchte, was mit seiner Ermordung durch Friedrich von Isenburg endete.

Unter den weltlichen Gegenspielern der Kölner Erzbischöfe sind vor allem die Grafen von Altena zu nennen, eine Nebenlinie derer von Berg. Sie besaßen das westliche Sauerland. 1175 spalteten sie sich in eine altenaische und eine isenburgische Linie. Nach dem Erwerb der Burg Mark bei Hamm nannte Adolf von Altena sich von der Mark, was zugleich ein Signal war, daß er sein Hauptinteresse nicht in den sauerländischen Besitzungen sah.

Der ermordete Engelbert von Köln gilt gleichwohl als eigentlicher Begründer des kölnischen Territoriums in Westfalen. Seiner Politik gelang die Verbindung der kölnischen Besitzungen an Hellweg und Diemel sowie ihre Sicherung im Sauerland, u. a. durch eine Reihe von Stadtgründungen. Engelberts Politik griff dabei sogar über das südliche Sauerland hinaus. 1224 teilten sich der nassauische Landesherr und der Kölner Erzbischof die Rechte an der Stadt Siegen, ohne daß man im einzelnen weiß, wie es dazu gekommen ist. Die Doppelherrschaft an der nassauischen Bergstadt dauerte bis 1421 und hatte zur unmittelbaren Folge, daß die Grafen von Nassau Dillenburg zur Residenz erhoben.

Nach der Schlacht bei Worringen (1288) war die Machtauseinandersetzung zwischen geistlichen und weltlichen Herren zugunsten letzterer entschieden – Köln verlor die angestrebte Dominanz in Westfalen endgültig. Für die Grafen von der Mark aber war spätestens mit dem Anschluß des niederrheinischen Territoriums um Kleve (1398) das Sauerland nur noch von untergeordneter politischer Bedeutung. Große und kleine Herren behaupteten sich jetzt hier. Dieser Raum war und blieb bis zur Neuordnung Europas auf dem Wiener Kongreß Anfang des 19. Jahrhunderts von einer Vielzahl von Grenzen durchzogen. Die Grenze zwischen den beiden mächtigsten Territorialgebieten lief mitten hindurch.

Bis heute ist die Bezeichnung kurkölnisches Sauerland geläufig, womit im wesentlichen die Kreise Arnsberg, Brilon, Meschede, Olpe und Lippstadt (hier aber nicht die Stadt) gemeint sind. Zentrum des märkischen Sauerlandes ist Altena.

Seit dem 16. Jahrhundert wurde die Trennungslinie zwischen diesen beiden Territorien noch zusätzlich durch ihre Zugehörigkeit zu verschiedenen Konfessionen bestimmt. Die Geschicke des katholischen Sauerlandes, des kurkölnischen Herzogtums Westfalen, wurden von Bonn aus gelenkt, die des protestantischen märkischen Sauerlandes schließlich (ab 1614) von Potsdam.

Dem Schicksal eines entfernten Regierungssitzes entging auch das Siegerland nicht. Nach 1743 wurden die alten nassauischen Stammlande von den Oraniern in den Niederlanden regiert.

So verschieden wie die politische verlief auch die wirtschaftliche Geschichte der Region, obwohl es enge, wechselseitige Beziehungen gab. Der Süden, das Siegerland, ist reich an Bodenschätzen: Silber, Kobalt, Nickel, Blei, Zink und Eisenerze – letztere wurden vor allem im 19. Jahrhundert abgebaut. Der schon beschriebene Wasserreichtum der Region lieferte eine der beiden benötigten Energiequellen. Die Blasebälge der Hüttenwerke und die Schmiedehämmer der Hammerwerke wurden durch Wasserkraft betrieben. Der Wald lieferte in Form von Holzkohle die andere notwendige Energie. Im Siegerland kannte man dazu mindestens seit dem 16. Jahrhundert eine besondere Form der Niederwaldwirtschaft, die Siegerländer Hauberge – Lehrbeispiel eines ressourcenschonenden Umgangs mit dem Wald.

Spätestens seit dem 17. Jahrhundert war das Energieangebot für die Gewinnung Siegerländer Eisens so bemessen, daß eine Weiterverarbeitung des Schmiedeeisens zu Fertigprodukten in größerem Ausmaß vor Ort nicht mehr stattfinden konnte. Im nördlich sich anschließenden Sauerland, in Olpe und im Märkischen Raum, wo es zumindest teilweise im Mittelalter ebenfalls Eisengewinnung gegeben hatte und wo Wasserkraft und Holz ebenfalls ausreichend zur Verfügung standen, spezialisierte man sich jetzt erfolgreich darauf, das aus dem Siegerland angelieferte Schmiedeeisen zu Kleineisenwaren weiter zu verarbeiten. Die weltweite wirtschaftliche Bedeutung der bergisch-märkischen Kleineisenindustrie ist durch diese Zusammenhänge begründet.

Doch das kulturelle Erbe von Sieger- und Sauerland hat für die Bewohner dieser Regionen eine neue Einnahmequelle eröffnet – den Tourismus. Die Einheimischen, zurecht stolz auf ihre Burgen und malerischen Landschaften, ermöglichen dem Erholungsuchenden und Kulturinteressierten ruhige Tage in schöner Natur, denn die alten Baudenkmäler – versteckt in Wäldern und Wiesen – lassen sich auf Wanderungen entdecken. Das Buch versteht sich als eine Einladung, auf Entdeckungsreise zu dem einen oder anderen «Schloß im Grünen» im Sieger- und Sauerland zu gehen.

Schlösser im Grünen

Schloß Schwarzenraben

Schloß Schwarzenraben

Adelssitze im Sieger- und Sauerland

Schloß Schwarzenraben Bei Böckenförde zwischen Lippstadt und
Geseke liegt das Wasserschloß Schwarzenraben inmitten weiter Felder.
Eine lange Ulmenallee führt auf die symmetrische Wasseranlage zu,
die ein Geschenk des Kurfürsten Clemens August an den Herrn von
Hoerde war, nachdem letzterer von dem Kurfürsten auf einer Jagd
versehentlich angeschossen worden war.

Das dreiseitig im Wasser liegende Herrenhaus mit kurzen Seiten-
flügeln wurde 1765 bis 1768 von dem Architekten Johann Matthias
Kitz erbaut. Die elegante, in Gelbweiß gehaltene Fassade wird durch
Simsbänder und Ecklisenen gegliedert.

Für den Bau der langgestreckten Wirtschaftsgebäude zeichnete
Leonard Mauritz Gröninger aus Münster verantwortlich; die Vorburg
gestaltete Johann Conrad Schlaun.

An die Rückseite des Herrenhauses schließt sich ein Garten mit
Gewächshäusern und einer Orangerie an.

Im Jahr 1935 vernichtete ein Brand viel von der reichen Innenausstattung – der üppige, zum Teil hängende Rokokostuck wurde nur in
einigen Räumen wiederhergestellt. Die ehemaligen Wandmalereien
sind nicht restauriert worden. Die Inneneinrichtung vervollständigte
der heutige Besitzer Freiherr von Ketteler mit Mobiliar aus seinen
Schlössern Harkotten und Eringerfeld.

Schloß Overhagen liegt in Nachbarschaft zu Schloß Herringhausen.
Als letztes Bauwerk der Lipperenaissance ist die Stilverwandtschaft mit
den Schlössern Nehlen, Assen und Hovestadt, deren typische Merkmale

Schloß Overhagen

Schloß Overhagen

plastisch-geometrische Formen und Backsteinmuster auf verputzten Naturwänden sind, zu erkennen.

Das Schloß geht auf ein 1235 genanntes Landgut «Villa Hoeverhagen» zurück, auf dem Timo von Soest oder Friedhartskirchen als Verwalter tätig war. Wie das Anwesen an die Familie von Schorlemer, die das Schloß heute noch besitzt, gekommen ist, liegt im unklaren. Vermutet wird, daß im 14. Jahrhundert eine Erbtochter derer von Friedhartskirchen in die Familie von Schorlemer eingeheiratet hat. Zu dieser Zeit muß eine befestigte Burg bestanden haben.

Dokumente aus dieser Zeit über die Bauzeit und das Aussehen des Schlosses, das 1619 für Arnt Johann von Schorlemer und seine Frau Odilia Elisabeth von Landsberg-Erwitte errichtet wurde, fehlen. Ob der Architekt Laurenz von Brachum sein Sohn oder sein Schüler gewesen ist, läßt sich nicht nachweisen.

Das Herrenhaus wird seitlich diagonal von zwei Ecktürmen mit mehrstöckigen Barockhauben begrenzt. Zwischen Vor- und Hauptburg beleben zwei Sandsteinfiguren, die früher im Garten ihren Platz hatten, das kleine, die beiden Gebäude verbindende Brücken.

Um 1735 erfolgten größere Umgestaltungsmaßnahmen, vermutlich mit Beteiligung des Paderborner Hofbaumeisters Franz Christoph Nagel. So wurde das Innere des Herrenhauses erneuert, der Portalrisalit vorgezogen und verändert sowie eine neue Vorburg errichtet.

Während weiterer Umbauten im Jahr 1850 wurde das Eingangsgebäude der Vorburg abgetragen, und 1888 wurden die Parkanlagen erheblich verändert.

Heute dient Schloß Overhagen als Gymnasium, nachdem es 1963 von Grund auf restauriert wurde.

Schloß Herringhausen Südwestlich vor den Toren Lippstadts, inmitten großer Ländereien, steht Schloß Herringhausen, das um 1720 bis 1730 von dem Landbaumeister Justus Wehmer aus Hildesheim entworfen wurde.

Über den zwei Geschossen des Herrenhauses wölbt sich ein Mansarddach; ein dreiachsiger Mittelrisalit mit doppelläufiger Freitreppe betont die Mittenwirkung.

In einigem Abstand flankieren zwei längsgestellte Wirtschaftsbauten das Hauptgebäude symmetrisch, vor dem sich zwei kleine Pavillons

Haus Herringhausen

befinden. Abgerundet wird die Anlage durch das Torhaus und den sich
ringsherum ziehenden Wassergraben. Besonders schöne Stuckdecken
sowie die Bibliothek sind Besonderheiten des Interieurs. Die Familie
von Schorlemer ist der Besitzer dieses Schlosses.

Schloß Eggeringhausen Die Wasseranlage bei Mellrich südlich von
Anröchte wurde erstmals 1382 urkundlich erwähnt, doch über dieses
privat bewohnte und landwirtschaftlich genutzte Schloß ist wenig
bekannt. Im 15. Jahrhundert waren die Ritter von Mellrich die Besitzer, später übernahm es die Familie von Ketteler bis zum Jahr 1603.
Hier wurde der spätere Herzog von Kurland und Hochmeister des
Deutschen Ritterordens Gotthard von Ketteler geboren.
    1603 wurde das Schloß an Graf Johann von Rietberg-Ostfriesland
verkauft; im Jahr 1829 übernahm schließlich die Familie von Fürstenberg das Anwesen.
    Der heute noch bestehende einfache Schloßbau mit drei Flügeln und
zwei achteckigen Treppentürmen im Hof wurde im Jahr 1630 begon-

Schloß Eggeringhausen

nen, die vier quadratischen Ecktürme bekamen erst bei einem späteren
Umbau die geschwungenen Hauben. Haupt- und Vorburg liegen auf
getrennten Inseln, die durch Brücken miteinander verbunden sind.

Im Inneren des Schlosses lassen sich guterhaltene Balkenstuckdecken
und ein Barockkamin aus dem Jahr 1660 bewundern. Die niederländischen Gemälde aus dem 17. und 18. Jahrhundert, die früher die Wände
von Schloß Eggeringhausen schmückten, wurden an ein privates
Museum übertragen.

Schloß Eringerfeld Inmitten eines Hochwaldgebietes südwestlich von
Geseke verbirgt sich Schloß Eringerfeld. Aufwendig restauriert,
besticht die klassisch-barocke Symmetrie der Anlage. Die prächtigen
frühbarocken Fassaden wurden mit einfachen Elementen der Renais-
sance ergänzt.

Schloß Eringerfeld wurde im Jahr 1280 erbaut, als erstmals die Herren von Erkeringhusen genannt wurden. 1395 wurde das Schloß geteilt
und verkauft. Als Besitzer für die eine Hälfte sind für die Zeit ab 1463

Schloß Eringerfeld

Schloß Eringerfeld

die Herren von Hoerde nachweisbar. Ihnen gelang es 150 Jahre später, auch die zweite Hälfte, die in der Zwischenzeit dem Stift Lippstadt gehörte, zu kaufen.

Nach der Zerstörung durch einen Brand wurde in der Zeit von 1676 bis 1680 die Anlage in der heute noch bestehenden Form erbaut. Die Domherren Johann Gottfried und Rhabanus Christoph von Hoerde beauftragten den Architekten Ambrosius von Oelde mit den Entwürfen, die der Baumeister Jobst von Scheck aus Störmede ausführte; er entwarf auch die Steinmetzarbeiten.

Ein zweigeschossiges Herrenhaus mit Volutengiebel über dem Mittelrisalit wird von zwei niedrigeren Seitenflügeln flankiert. Zusammen mit dem Torhaus und einer hohen Mauer als vierte Seite umschließen die Gebäude einen großen Ehrenhof. Die vier Pavillontürme, gedeckt mit welschen Hauben, betonen die Ecken der Anlage. Die Symmetrie wird nur durch die Schloßkapelle am südöstlichen Eckturm unterbrochen. Um den Komplex zieht sich ein heute trockengelegter Wassergraben.

Die Elemente der Weserrenaissance wiederholen sich auch am Giebel des Torhauses von 1690, das in der Mittelachse zum Hauptgebäude steht. An den Seiten des Torhauses sieht man die Allianzwappen sowie die Porträtbüsten des Erbauerehepaares Friedrich Ferdinand und Felizitas Elisabeth von Hoerde.

Besonders sehenswert ist die zum Teil erhaltene Innenausstattung, wie die bemalte Wandbespannung und das kunsthistorisch interessante Treppenhaus mit den bis unter die Decke reichenden, gedrehten Holzsäulen. – Seit 1965 dient Schloß Eringerfeld als Schule und Internat.

Schloß Körtlinghausen Unterhalb der Ortschaft Kallenhardt liegt, in einem Tal des Arnsberger Waldes, die großzügig gestaltete Anlage Körtlinghausen, die von weiten großen Gräften umgeben ist.

Ursprünglich war dies ein Gutsbezirk der Herren von Rüdenberg aus Arnsberg. Doch erst 1318 befand sich dort nachweislich eine befestigte Burg der Herren von Schorlemer, die diese als Lehen vom Kölner Erzbischof erhalten hatten.

Das «Hus zu Kortzlenhusen» mußten die Herren von Schorlemer mit den Herren von Luerwald teilen; die Herren von Hanxleben erwarben zunächst einen Teil im Jahr 1449 und schließlich, im 16. Jahrhundert,

Schloß Körtlinghausen

den zweiten Teil. Im 17. Jahrhundert ging das Gut zunächst an die Familie von Westrem, schließlich – 1645 – an Gaudenz von Weichs. Dessen Enkel, der Kurkölnische Oberjägermeister Franz Otto von Weichs, begann 1714 mit einem Neubau unter der Leitung des Architekten Justus Wehner aus Hildesheim. 1749 war das Barockschloß vollendet. Es hat einen H-förmigen Grundriß, an die Längsseiten des Mittelbaus schließen sich kurze, niedrigere Seitenflügel an. An allen vier Seiten des Gesamtbaus schmücken dreiachsige Mittelrisaliten mit flachen Dreiecksgiebeln die Fassade. An der Gartenseite überragt ein Säulenbalkon das Portal mit Freitreppe. Früher führte eine Zugbrücke zu dem großen, terrassierten, heute etwas verwilderten Garten. Das 1886 erhöhte Torhaus und die Auffahrt wurden seitlich gelegt und befinden sich daher nicht in der Mittelachse des streng geometrischen Schlosses.

Als 1819 der Zweig der Familie von Weichs ausstarb, gingen das Barockschloß und Gut an den Reichsherren Leopold von Fürstenberg zu Herdringen und Adolfsburg, der einen seiner Söhne dort einsetzte.

Der heutige Besitzer von Brabecke läßt das Gut ökologisch bewirtschaften. In einem Fachwerkhaus auf dem Gelände ist eine land- und forstwirtschaftliche Schule eingerichtet, und das Schloß dient heute dem Bundesverband für Selbstschutz.

Schloß Erwitte   Das Wasserschloß im Ort Erwitte ist ein recht großer, monumentaler Bau aus der Zeit zu Anfang des 17. Jahrhunderts; das Grundstück mit einer Burg wurde jedoch erstmals 1273 in Urkunden erwähnt, als Wessel von Landsberg als Ritter zu Erwitte das Drostenamt der Grafen von Arnsberg innehatte.

Die Akten verzeichnen, daß die Burg 1445 in Flammen aufging. Dietrich Ottmar von Erwitte, Schloßbesitzer im 17. Jahrhundert, verteidigte 1622 die Stadt Geseke gegen Herzog Christian von Braunschweig, der das Land verwüstete und die Dörfer plünderte und niederbrannte.

Zwei hohe Erkervorbauten mit Schmuckgiebeln zieren Schloß Erwitte an den Hofseiten. In der Mitte des Komplexes führt eine Freitreppe zu dem großen Portal. Der quadratische Turm im Nordosten ist mit einer Schieferzwiebelhaube gedeckt. Die drei Geschosse sind an der Außenfassade durch Gurtgesimse gegliedert.

Das Schloß wurde oft umgebaut, zuletzt 1976, als es die Stadt Erwitte erwarb und zu Wohnungen umbaute, die heute vermietet sind.

Schloß Erwitte

Schloß Erwitte

Haus Welschenbeck Das graue, schlichte Haus mit den rotweißen Fensterläden steht inmitten der Möhnewiesen bei Belecke.

Erzbischof Engelbert von Köln schenkte im Jahr 1222 seiner Nichte Walburg einige Güter im Herzogtum Westfalen. Über die Herren von Büren kam das Anwesen im 15. Jahrhundert an die Familien von Plettenberg, von Erwitte, von Ovelacker und von Siegen. Friedrich von Siegen verkaufte 1624 den Rittersitz an Othmar von Erwitte, der 26 Jahre später wiederum Haus Welschenbeck für 12 000 Reichstaler an Gottfried Arnold von Doornick weiterveräußerte. Der letzte der Familie Doornick, Wilhelm Caspar, vermachte das malerische Anwesen seinem Enkel. Seit dieser Zeit bewohnt die Familie von Nagel-Doornick Haus Welschenbeck, das um die Jahrhundertwende vom damaligen Besitzer Clemens von Nagel-Doornick maßgeblich umgebaut wurde.

Im 15. Jahrhundert zerstörten die Soester während der Soester Fehde die Gebäude, und im Dreißigjährigen Krieg verwüsteten die Schweden das Anwesen. Wann das eineinhalbgeschossige Hauptgebäude mit dem hohen Satteldach und dem turmartigen Anbau errichtet wurde, ist nicht überliefert.

Haus Sassendorf Größtenteils von hohen Bäumen umgeben und von einer Mauer umschlossen, verbirgt sich Haus Sassendorf. Nur der Blick aus der Mittelachse zwischen den rechts und links liegenden ehemaligen Fachwerkwirtschaftsgebäuden läßt einen ungestörten Einblick zu.

Seit vielen Generationen ist das Schloß im Besitz der Familie Bockum-Dolffs, die erstmals 1329 in Urkunden erwähnt wird. Im 15. Jahrhundert siedelte sie nach Soest über und bewohnte dort das Bergenthal-Haus. Als dieses im Dreißigjährigen Krieg völlig vernichtet wurde, kaufte die Familie das Schloß in Bad Sassendorf.

Über den Bau des damaligen Schlosses ist nichts bekannt; das Geschlecht der von Sassendorf reicht jedoch weit zurück. Olricus de Sassendorpe wurde erstmals 1313 im Güterverzeichnis des Grafen Wilhelm von Arnsberg genannt. Die von Sassendorf waren schon früh an der dortigen Saline beteiligt und galten als eine der wohlhabendsten Familien dieser Region.

1785 wurde begonnen, das Schloß in der noch heute bestehenden Form aufzubauen, doch durch die Kriegswirren verzögerte sich die endgültige Fertigstellung des Innenausbaus bis in das Jahr 1810.

Das elfachsige Herrenhaus im norddeutschen Barockstil ist zweige-
schossig und mit einem Mansarddach gedeckt. Im Mittelrisalit mit
doppelläufiger Freitreppe sind die Wappen der Erbauer als schmücken-
des Element angebracht.

Die Gräfte ist nur noch zum Teil erhalten.

Kommende Mülheim Am 20. April 1266 übernahmen Deutschordens-
ritter den Hof «Mulenheim» von den Arnsberger Grafen.

Nach der Niederlage des Ordens 1417 bei Tannenberg erfolgte eine
Vereinigung mit den Kommenden Münster und Mülheim.

1682 ließ der damalige Landkomtur Franz Wilhelm von Fürstenberg
das schloßartige Kommendehaus errichten; in den Jahren 1706 bis 1711
fügte Graf Wilhelm von Plettenberg die Kirche hinzu.

Die Säkularisation von 1809 bedeutete das Ende des Deutschen Ritterordens. Das Gebäude wechselte in der Folgezeit häufig die Besitzer,
bis es 1885 die Franziskanerinnen aus Olpe übernahmen. Dem dreigeschossigen Bau mit reich geschmücktem Mittelrisalit stehen seitlich

wuchtige Ecktürme vor. Die Hofseite mit Freitreppe wird von hohen Bäumen weitgehend verdeckt.

Hinter hohen Mauern verborgen und von tiefen Gräften umschlossen, wird die Kommende Mülheim heute als Internat genutzt.

Haus Düsse Bei Ostinghausen, in der flachen, weiten Landschaft südlich der Lippe, beginnt die ehemals reiche Wasserburgenansammlung an der Ahse mit Haus Düsse.

Den Namen Düsse erhielt das frühere Rittergut Ostinghausen von Adrian Arens von Düsse, der aus den Niederlanden stammte und im Jahr 1640 das Gut kaufte. Später war das Schloß im Besitz der Familie von Ledebur, die es an die Grafen von Landsberg verkaufte.

Das alte Herrenhaus stammt aus dem 16. Jahrhundert und war früher mit einer Zugbrücke mit Toreinfahrt ausgestattet. Den Fachwerkseitenflügel ziert eine Tür aus der Empire-Zeit.

Heute werden die Gebäude als Lehr- und Versuchsanstalt der Landwirtschaftskammer Westfalen-Lippe genutzt.

Haus Düsse

Haus Nehlen Nordwestlich von Soest bei Berwicke liegt Haus
Nehlen – eines der malerischsten Wasserschlösser an der Ahse.

1286 urkundlich erstmals als Stammsitz der mittlerweile ausgestor-
benen Familie von Neylen genannt, ging der Besitz im Jahr 1350 an
das Geschlecht von Plettenberg. Fast 300 Jahre später ließ sich der
Dompropst zu Münster und Paderborn, Dietrich von Plettenberg, einen
Repräsentationsbau im Renaissance-Stil errichten. Als Architekt für die
Zwei-Insel-Anlage zeichnete Dietrich Gerlinghaus verantwortlich.

Das zweigeschossige Backsteinherrenhaus ist mit einem hohen
Walmdach und einem dreigeschossigen Eckpavillon geschmückt. In der
Mitte der Front erhebt sich ein eindrucksvoller Treppenturm.

Dekorativer, plastischer Schmuck und Wappen umrahmen das
Portal. Eine steinerne Wendeltreppe führt in den ehemaligen Ritter-
saal, in dem noch ein prächtiger Barockkamin aus dem Jahr 1697 des
Bildhauers Johann Mauritz Gröninger aus Münster zu sehen ist.

Besonders schön ist auch die naturbelassene Gräfte vor der Anlage
mit dem alten Baumbestand. Die Fachwerknebengebäude mit blau-
gelb gestrichenen Toren und Fensterläden ergänzen die harmonisch

wirkende Anlage. Von 1682 bis 1977 war das Anwesen im Besitz der Familie von Boeselager, heute gehört es der Familie Kamann.

Haus Lohe Nördlich zwischen Werl und Westönnen liegt in ländlicher Umgebung Haus Lohe, das im Tudorstil erbaut ist.

Das heutige Erscheinungsbild ist von der Umgestaltung durch den Kölner Dombaumeister Vinzenz Statz im Jahr 1856 geprägt. An den östlichen Wohntrakt mit doppelläufiger Freitreppe und Treppengiebel als eigentlichem Herrenhaus ist ein gotisierender Kapellenflügel angebaut, den eine Verglasung ziert, die 1857 in Paris hergestellt wurde.

Das Gut wurde erstmals 1195 im Güterverzeichnis des Klosters Rumbeck erwähnt.

In der Folgezeit gehörte Haus Lohe durch Erbschaft und Verkauf verschiedenen Familien. Maria Johanna Franziska von Papen wandelte das Gut im 19. Jahrhundert in ein Fidei-Kommiß um: Haus und Vermögen durften weder verkauft noch innerhalb der Familie geteilt werden. So sind die von Papen-Lohe noch immer im Besitz des Anwesens.

Haus Lohe

Haus Echthausen

Haus Echthausen In Echthausen an der Landstraße von Neheim nach Wickede liegt hinter einem bäuerlichen Gut versteckt Haus Echthausen, ein zerfallenes, kleines Wasserschloß. Das Renaissancegebäude steht leer, der ehemalige Park ist romantisch verwildert.

In früheren Zeiten Lehnsgut der Arnsberger Grafen, war das Rittergut seit 1242 Stammsitz und über viele Jahrhunderte hinweg Eigentum der Adelsfamilie von Böckenförde-Schüngel, die drei Landdrosten stellte: Johann (um 1520), Henning (um 1550) und Georg-Ernst von Böckenförde-Schüngel zu Echthausen (um 1710). Im 18. Jahrhundert gelangte das Anwesen an den Landrat des Kreises Arnsberg Felix-Josef von Lilien und 1924 durch Verkauf an die Familie von Boeselager.

Haus Rödinghausen Am Ufer der Hönne, wo das Tal mit den steilen Kalksteinfelsen immer enger wird, liegt im Mendener Ortsteil Lendringsen das früher Nieder-Rödinghausen genannte Gut.

Bekannt wurde Rödinghausen vor allem durch die häufigen Besuche von Annette und Jenny von Droste-Hülshoff im 19. Jahrhundert.

Hier zeigt sich eines der wenigen großen, alten Fachwerkhäuser in erhaltenem Zustand. Der spätbarocke, klassizistische Bau wirkt mit seinen neun Achsen, Mittelrisalit und Freitreppe streng symmetrisch.

1249 wurde Ober-Rödinghausen, das zwei Kilometer hönneaufwärts lag, erstmals als Lehen der Grafen von Arnsberg genannt. Seit 1368 war die Familie Rödinghausen der Lehnsträger des Kölner Erzbischofs.

Vor 1500 wurde Jost von Grafschaft als Besitzer genannt, später Hermann Dücker, der 1638 die Besitzerin des Oberen Hauses, die Witwe Margaretha von Krane, geheiratet hatte.

Zuvor hatte Hermann Dücker das Gut Nieder-Rödinghausen erworben, das im Jahr 1524 mit Johann von Werminghausen als Eigentümer urkundlich erwähnt wurde.

Zwar waren nun beide Häuser vereinigt, doch ein Feuer vernichtete noch im gleichen Jahr das Obere Haus.

Der Enkel, Adolf von Dücker, ließ das heruntergekommene Ober-Rödinghausen abbrechen und das heutige Haus Rödinghausen erbauen.

Der schöne, alte Adelssitz ist auch heute im Besitz der Grafen von Dücker-Plettenberg.

Schloß Höllinghofen Das nördlich von Voßwinkel bei Wickede gelegene wasserumflossene Schloß wird 1036 in einer Urkunde Kaiser Konrads II. unter dem Namen «Hullikinghouon» als arnsbergisches Lehen erstmals genannt.

Dem Werler Bürgermeister Deytlef von Holdingchove gehörte die Anlage um 1344, anschließend war Wennemar von Fürstenberg zu Waterlappe der Besitzer. Schon 1382 wechselte der Besitz jedoch erneut, diesmal erwarb der Ritter Hermann Freseken vom Burghaus in Neheim das wehrhafte Anwesen.

Im Jahr 1475 erhielt das Schloß seinen heutigen Namen. Als Ende des 16. Jahrhunderts die Höllinghofer Linie derer von Fürstenberg endete, übernahm Wilhelm von Bayern, ein Sohn des Kurfürsten Ernst von Bayern und Gertrud von Plettenberg, das Schloß und baute es zu einer Wasseranlage aus. Obwohl er nicht dort wohnte, nannte er sich «Freiherr von Höllinghofen».

In der Folgezeit wechselten die Besitzer häufig, bis 1754 das Gut an die Familie des heutigen Eigentümers von Boeselager ging. Sie nutzte das Anwesen jedoch nicht als Hauptwohnsitz.

Schloß Höllinghofen

Erst vor einigen Jahren wurde das Schloß ständiger Wohnsitz der westfälischen Linie des ursprünglich magdeburgischen Geschlechtes. Zu dieser Zeit renoviert und ausgebaut, fand man in den zwei Meter dicken Mauern Schießscharten der alten Burg.

Schloß Höllinghofen besitzt eine wertvolle, umfangreiche Bibliothek. Der heutige Wildwald Voßwinkel (Fuchswinkel) war in früheren Zeiten der Schloßwald.

Burg Klusenstein Das kleine Burghaus Klusenstein scheint über dem Abgrund zu schweben, schaut man von der Straße im engen, felsigen Hönnetal hinauf. Uneinnehmbar aus dieser Richtung auf einem 60 Meter hohen, schroff abfallenden Felsvorsprung gelegen, mußte die Anlage jedoch nach Westen zu einer Hochfläche hin gegen eventuelle Angriffe gesichert werden.

Graf Engelbert III. von der Mark befestigte 1353 den Klusenstein, um sein Gebiet gegen Arnsberg und das Kölnische Herzogtum Westfalen zu sichern. Der Dauerstreit mit dem Erzbischof und dem letzten Arnsberger Grafen Gottfried IV. schien eine Verstärkung der Grenzen dringend erforderlich zu machen. Engelbert III., der spätere Burgherr, unternahm vom Klusenstein aus häufig Raub- und Beutezüge durch die Umgebung. Über lange Zeit hinweg waren die Plettenberger, die von Werninghaus und die von Ruschenberg als Lehnsträger eingesetzt.

Das schlichte steinerne Haus wird von einem roten Satteldach geschmückt. Besitzer ist heute die Rheinisch-Westfälische Kalkwerke AG.

Unterhalb der Burg befindet sich eine große Burghöhle in den Felsen; früher führte von hier aus ein geheimer Gang in den Keller des Haupthauses. Überhaupt – um Burg Klusenstein ranken sich viele Sagen und Legenden.

Haus Hemer Das Haus neben der katholischen Kirche St. Peter und Paul in Hemer geht auf einen Oberhof zurück, der im Jahr 1072 zum ersten Mal in Urkunden erwähnt wird.

Das heutige zweigeschossige Herrenhaus mit quadratischem Eckturm, welscher Haube, Laterne und Wetterfahne stammt – im Kern – aus dem Jahr 1614. Der märkische Drost Dietrich Ovelacker zu Grim-

Burg Klusenstein

berg ließ es für sich errichten. Bauliche Veränderungen erfolgten nach einem 1812 gefertigten Entwurf des Landbaumeisters Wilhelm Tappe. Damals wurde die Anlage noch von Wassergräben umgeben. Inzwischen trockengelegt, erinnern heute nur noch die Brücken daran.

Vor einigen Jahren wurde das Haus renoviert und dient derzeit als katholisches Gemeindezentrum und Kindergarten. Die Nebengebäude, die im Laufe des 18. Jahrhunderts erbaut wurden, sind heute noch zum Teil bewohnt.

Burg Altena Über dem Lennetal und der Stadt Altena erhebt sich auf der langen, schmalen Wulfsegge die Stammburg der Grafen von der Mark – Burg Altena.

Wann die Anlage entstand, läßt sich heute nicht eindeutig klären. Vermutlich wurde sie um 1108 innerhalb einer früheren Fliehburg angelegt. 1160 von den Arnsberger Grafen an den Kölner Erzbischof Reinhard von Dassel gekommen, war ein Jahr später Eberhard von Berg Burgherr und nannte sich von Altena. Die Wehranlage diente ab

1199 nur gelegentlich als Wohnsitz der Grafen von der Mark, wie sie sich seit Anfang des 13. Jahrhunderts nannten; die meiste Zeit wurde sie von Drosten verwaltet.

Viele Aus- und Umbauten folgten über die Jahrhunderte: So wurde die Burg 1235 bis 1243 durch einen Zwinger verstärkt, und um 1250 entstand der Alte Palas. Die größten baulichen Veränderungen wurden im Jahr 1455 im Zuge von Wiederaufbaumaßnahmen nach einem großen Brand vorgenommen.

Als 1609 Altena und die Grafschaft Mark an Brandenburg-Preußen fiel, diente die Anlage als Garnison und verkam im Laufe der folgenden Zeit zur Ruine. Nach Nutzungen als Gefängnis, Waisenhaus und zum Teil als Krankenhaus gab es um 1835 den Plan, die Burg im neugotischen Stil neu zu errichten, doch wurde dieser Plan nicht realisiert.

Erst in den Jahren 1906 bis 1915 wurde der Gebäudekomplex auf Initiative des Landrats Thomée wieder aufgebaut. Die Absicht, das historische Vorbild neu entstehen zu lassen, konnte der Architekt Frentzen aus Aachen jedoch nur zum Teil umsetzen; die Ausführungen waren damals heftig umstritten.

Burg Altena

Burg Altena

51

Burg Altena

1909 gründete der Lehrer Richard Schirrmann hier die erste Jugendherberge der Welt, und auch heute noch befindet sich auf Burg Altena eine Jugendherberge, die im Torhaus untergebracht ist.

Durch das 1609 erbaute Friedrichstor und den engen Zwinger gelangt man durch das zweite Torhaus, genannt Dorotheenpforte, in den unteren Burghof, auf dem sich ein 47 Meter tiefer Brunnen befindet. Den oberen Burghof erreicht man, vorbei an dem mächtigen, 36 Meter hohen Burgfried aus dem 12. Jahrhundert, durch das sogenannte Philippstor.

Im Westen der Anlage befindet sich der Alte Palas mit dem Pulverturm; dort ist das Heimatmuseum untergebracht. Im Neuen Palas, auf dem östlichen Teil des Geländes, befindet sich heute das märkische Schmiedemuseum sowie das Jugendherbergsmuseum.

Hohenlimburg Die Hohenlimburg ragt hoch über der gleichnamigen Stadt auf einem Vorsprung des Schleipenbergs. Die Geschichte der Burg beginnt 1243 mit Dietrich von Isenberg.

Dietrich baute einen Burgfried mit kleinem Palas und einer Wehrmauer gegen die Grafschaft Mark. 1288 besetzten die Märker seine Burg, doch elf Jahre später konnte er seinen Besitz zurückerobern.

Um das Jahr 1400 wurde die Anlage um eine Zugbrücke und eine äußere Burgmauer erweitert.

Im 15. Jahrhundert wurde die Burg zwischen den Limburgern und Neuenahrern aufgeteilt, doch holten sich die Limburger 1460 den anderen Teil mit Gewalt zurück.

Um 1550 enstanden weitere Gebäude sowie ein neues Herrenhaus. 1584 von kurkölnischen Truppen eingenommen, hatten die Erzbischöfe bis 1611 die Herrschaft inne.

Später gaben die Herzöge von Limburg die Burg als Lehen an die Grafen von Bentheim. Verschönerungen, An- und Umbauten, besonders unter Moritz Casimir von Bentheim im 18. Jahrhundert, folgten. In den Diensten dieses Schloßherrn standen nur zehn Soldaten; er feierte lieber Feste, als das Geld in die Rüstung zu investieren.

Da der Hauptsitz der Familie 1756 nach Rheda verlegt wurde, stand das Schloß über lange Zeit leer.

1815 zu Preußen gekommen, diente es kurzzeitig als Gefängnis, blieb jedoch im Besitz der zu Fürsten erhobenen Grafen von Bentheim.

Hohenlimburg

Hohenlimburg

Im Jahr 1903 zog die Familie wieder in das Schloß, bis die letzte Bewohnerin, Prinzessin Margarethe, 1952 starb. Seit 1947 ist ein Schloßmuseum eingerichtet. Der kleine rechteckige Schloßhof mit Fachwerk-Erker und schönem, schmiedeeisernem Brunnenaufsatz bietet eine stimmungsvolle Kulisse für die hier stattfindenden sommerlichen Freilichtfestspiele.

Schloß Neuenhof Im idyllischen Elspetal südlich von Lüdenscheid liegt Schloß Neuenhof. Das Wasserschloß zeichnet sich besonders durch seine symmetrische Geschlossenheit aus.

Im Güterverzeichnis des Erzbischofs Dietrich von Köln wurde 1430 das «castrum» Neuenhof erstmals genannt. Der Stammsitz der Familie von Neuenhoff zu Neuenhoff gehört heute den Grafen von dem Bussche-Kessell.

Die Elspe, in deren Tal das Schloß liegt, entspringt auf der Lüdenscheider Höhenfläche neben vielen weiteren Bächen. Diese Wasserkraft wurde früh für die zahlreichen Eisenwerke der Umgebung genutzt. Die Besitzer von Neuenhof waren führend in diesem Gewerbe tätig, weshalb sie die Eisenkette in ihrem Wappen führen.

Nach einem Brand wurde das Schloß im Jahr 1693 für den Klevischen Hofgerichtsrat und Drosten von Altena, Johann Leopold von Neuhoff, in der noch heute bestehenden Form wiedererrichtet.

Stolz und unnahbar wirkt der gedrungene Bau mit den beiden quadratischen Ecktürmen, geschweiften Hauben und Wetterfahnen. Der Mittelteil zwischen den Pavillons kam erst 1746 hinzu. Den kräftigen Mittelrisalit schmückt ein dekorativer Giebel mit den Allianzwappen der Neuenhoffs und Bottlenberger. Allerdings handelt es sich um eine Nachbildung – das Original befindet sich auf Burg Altena.

Eine kleine Steinbrücke verbindet das Herrenhaus mit dem großen Innenhof der Vorburg, der von zwei wuchtigen, langgestreckten Wirtschaftsgebäuden aus Bruchstein abgeschlossen wird.

Ein schmiedeeisernes Rokokogitter, geschaffen von J. J. H. Steinmetger aus Olpe, schmückt den Eingang. Von hier aus bietet sich ein malerischer Blick auf das Anwesen, dessen Garten an der Rückseite von einem schmalen Wassergraben umgeben ist.

Vom Interieur sind besonders die prächtigen Deckenstukkaturen zu erwähnen.

Schloß Neuenhof

Schloß Neuenhof

Schloß Oedenthal

Haus Oedenthal Über diesen alten Rittersitz, der in einem Wald westlich von Lüdenscheid liegt, ist nur wenig bekannt.

1160 ist im Güterverzeichnis der Abtei Werden das Gut Odincdala aufgeführt. Die märkische Landadelsfamilie von Oedenthal lebte bis zum 15. Jahrhundert dort, bis das Geschlecht von Neuhoff auf Neuenhoff das Anwesen erwarb, doch verkaufte diese Familie das Gut an die Familie von Hatzfeld weiter.

Heute sind die Brüder Bücker die Besitzer von Haus Oedenthal, das mit der nahegelegenen Mühlengaststätte mittlerweile zu einem sehr beliebten Ausflugsziel geworden ist.

Schloß Badinghagen Dicht an der Grenze zum Bergischen Land, südlich von Meinerzhagen, liegt das 1902 stark modernisierte Wasserschloß, dessen Gräften von der Agger gespeist werden.

Im Werdener Propsteiregister wurde das Schloß im Jahr 1160 als Lehnsgut erstmals genannt; im Besitz der Badinghagens ist das Schloß nachweislich erst seit dem Jahr 1363.

Schloß Badinghagen

Nach dem Aussterben dieser Familie ging der Besitz 1509 über Friedrich von Karthausen durch Verkauf im Jahr 1642 an Friedrich von Neuhoff. Drei Generationen später war Conrad Caspar von Nagel, ein Sohn der Erbtochter, Eigentümer von Schloß Badinghausen.

Die heutige, mittlerweile mehrmals umgebaute Anlage hat nur ungefähr den Grundriß des früheren Bauwerks, das etwa Mitte des 17. Jahrhunderts die Eheleute Engelbert von Neuhoff und Anna Margaretha von Scheid errichten ließen.

Über dem massiven Erdgeschoßsockel erhebt sich ein Fachwerkobergeschoß mit Schindelverkleidung.

Haus Listringhausen, nicht weit entfernt nahe der Genkel-Talsperre im Wald gelegen, wurde 1621 erstmals erwähnt. 1777 erfolgte eine Vereinigung der Häuser Listringhausen und Badinghagen. Die Gebäude der Barockanlage aus dem 18. Jahrhundert sind im Laufe der Zeit stark verändert worden und machen einen etwas kühlen neuzeitlichen, dennoch interessanten Eindruck.

Sehenswert ist das zweigeschossige Torhaus mit welscher Haube.

Besitzer von Badinghagen und Listringhausen ist die Familie Dresler aus Kreuztal, die die letztere Anlage forstwirtschaftlich nutzt.

Haus Rhade Die Gräften dieses noch ursprünglich wirkenden Wasserschlosses, südwestlich von Lüdenscheid bei Oberbrügge gelegen, werden von dem Flüßchen Volme gespeist.

Urkundlich erstmals erwähnt wurde der alte Oberhof Rhade im Jahr 1003. Akten und Urkunden belegen, daß er 1207 unter der Schutzherrschaft Eberhards von Altena-Isenberg stand. Um 1400 mußte Graf Adolf II. von Kleve- Mark, in dessen Besitz das Anwesen mittlerweile war, Haus Rhade an Hermann von Ovelacker verpfänden.

In der Folgezeit waren die Eigentumsverhältnisse nicht eindeutig geklärt: So erscheint 1534 der Abt und Konvent von Deutz als Besitzer und 1617 die Familie von Heyden. Der Kurfürst von Brandenburg hatte als Rechtsnachfolger der Grafen von der Mark seine Erlaubnis zu diesem Verkauf gegeben.

Obwohl 1667 eine Renovierung erfolgte, verfiel die Anlage bis 1725 immer mehr, da die Familie von Heyden nur selten auf Haus Rhade wohnte. Trotzdem konnte der Besitz wegen der Hofgerichts-, Jagd- und Fischereirechte, die bei Haus Rhade lagen, gut verkauft werden.

Bis 1910 war das Wasserschloß in Besitz von Familie Holtzbrinck, anschließend gehörte es Familie Niehoff, und heute ist das Anwesen Eigentum der Familie Schwietzke, die das Gut landwirtschaftlich bewirtschaftet.

Der älteste Teil ist der Eckturm des zweistöckigen Herrenhauses sowie der nördliche Seitentrakt. Der gesamten Anlage – Haupt- und Vorburg liegen auf einer Insel –, fehlt eine symmetrische Anordnung.

Das heutige Aussehen wird von der Umgestaltung und Renovierung, die im Jahr 1920 erfolgte, geprägt. Verantwortlich zeichnete der Düsseldorfer Regierungsbaumeister Ernst Stahl, der den Eckturm erhöhen und mit geschweifter Haube und Laterne verschönern ließ.

Burg Schnellenberg Wie eine Festung liegt die größte und imposanteste Burganlage des Sauerlandes auf einem Felsen über Attendorn, der steil zum Flüßchen Bigge hin abfällt.

Über die erste Wohnanlage, die um 1222 vom Kölner Erzbischof Engelbert I. als Gegengewicht zur Waldenburg und zum Schutz der

Burg Schnellenberg

Burg Schnellenberg

Burg Schnellenberg

«Heidenstraße» errichtet wurde, ist nur wenig bekannt. Danach war das Anwesen auch im Besitz der Grafen von der Mark. Nach endgültiger Klärung der Besitzverhältnisse in diesem Gebiet wurde die Burg bedeutungslos.

1594 kaufte Caspar von Fürstenberg, ein Bruder des Fürstbischofs von Paderborn, die heruntergekommene Anlage. Um einen neuen repräsentativen Sitz der Familie zu schaffen, begann er ein Jahr später mit einem kostspieligen Neubau, der sich über lange Zeit hinzog.

Ende des 17. Jahrhunderts, 1686, bekam die Burg ihr jetziges Aussehen. Die zweigeschossige Vierflügelanlage der Oberburg mit Eck- und Mitteltürmen erhielt zusätzlich den dicken Pavillonturm im Westen. Die überdimensionale Vorburg, dessen Hauptfront von quadratischen Türmen begrenzt wird, kam 1694 hinzu und 1708 das Vorwerk. Wahrscheinlich leitete der Kapuzinermönch Ambrosius von Oelde die Bauarbeiten. Die Schloßräume wurden mit reichen und kostbaren Interieurs ausgestattet.

Doch die finanziellen Anstrengungen der Familie Fürstenberg hatten sich nicht gelohnt, denn lange Zeit stand Burg Schnellenberg bis auf ein Wirtschaftsgebäude und eine Brauerei leer, da die Familie auf Schloß Herdringen wohnte.

1889 brannte die Unterburg bis auf die Grundmauern nieder. Die Oberburg wurde in den zwanziger Jahren dieses Jahrhunderts als Jugendherberge, später als Erholungsheim genutzt.

Nach dem völligen Wiederaufbau in den fünfziger Jahren erstrahlt die Burg wieder in vollem Glanz, wenn auch nur die Kapelle ihr ursprüngliches Aussehen bewahrt hat.

Marmorsäulen stützen die Kreuzgewölbe in den ehemaligen Marställen, die als kulturgeschichtliches Museum dienen.

Im traditionsreichen Rittersaal wurde ein Nobelhotel mit Gourmetrestaurant eingerichtet.

Die alte Burg Schnellenberg und die Waldenburg wenige Kilometer südlich über dem Ostufer des Biggesees waren früher eng miteinander verbunden. Der gesamte Burghügel ist jedoch abgesperrt und die wenigen Mauerreste nicht zugänglich. Die Waldenburg wurde bereits zu Beginn des 11. Jahrhunderts erbaut und war über lange Zeit hinweg Streitobjekt zwischen dem Erzbischof von Köln und der Grafschaft Mark. Im 17. Jahrhundert kam sie – schon völlig verfallen – in den Besitz der Familie von Fürstenberg.

Burg Bilstein Eine der malerischsten und schönsten Burgen des Sauerlandes erhebt sich auf einem Felsvorsprung des Rosenbergs über die Fachwerkhäuser des Ortes Bilstein nahe Kirchveischede.

Im Veischedetal, einem der wichtigsten Täler des Oberlenneberglands und an seiner Einmündung ins Lennetal, befanden sich die ältesten Siedlungen dieser Region, die bis in die Eiszeit zurückreichten.

Als «castro de Bistene» wurde 1202 bis 1255 durch die Ritter von Gevore, die von der Pepperburg beim Ort Förde an der Lenne kamen, eine erste Burg zum Schutz der Straße Köln — Lippstadt und des Veischeder Tales gebaut. Daraufhin nannten sie sich Edelherren von Bilstein, und eine Generation später avancierte der Ritter Johann zum Landmarschall im Herzogtum Westfalen. Als diese Familie im 14. Jahrhundert ausstarb, war die Burg ständiger Streitpunkt zwischen den Grafen von der Mark und den Grafen von Kleve.

Nachdem 1450 der noch heute bestehende Bau auf den alten Fundamenten errichtet worden war, konnte der Kölner Erzbischof Dietrich von Moers die Soester Fehde für seine Interessen nutzen und eroberte 1455 die Länder Fredeburg und Bilstein. Die Burg wurde Verwaltungszentrum des Amtes Bilstein mit einem Drost als Vertreter des Kurfürsten.

Aufgrund finanzieller Schwierigkeiten der Kölner wurden die Ämter Bilstein und Waldenburg 1556 an Friedrich von Fürstenberg verpfändet, was dessen Familie einen erheblichen Machtzuwachs im südlichen Sauerland brachte.

Drost Kaspar von Fürstenberg (1545–1618) verlor die Burg kurzzeitig, konnte sie jedoch zurückerobern. Sein Familienbild zeigt die älteste Ansicht der Burg.

Nach der Säkularisation fiel Burg Bilstein 1816 an den preußischen Staat. Um den Innenhof der Hauptburg gruppieren sich ein zweiflügeliges Herrenhaus mit runden Wehrtürmen und ein Seitentrakt. Eine Steinbrücke über der Schlucht verbindet die ursprünglich dreiflügelige Hauptburg mit der Vorburg. Der Torbogen stammt aus dem 20. Jahrhundert und verbindet die zwei massigen Türme, die in den Grundmauern noch aus der Zeit der Ritter von Gevore stammen. Die Vorburg läßt sich auf das 17. Jahrhundert datieren; zu dieser Zeit wurde auch die gesamte Anlage stark verändert.

Die aufwendigste und umfassendste Renovierung erlebte Burg Bilstein in den Jahren 1977 bis 1979.

Seit 1927 ist eine Jugendherberge eingerichtet.

Burg Bilstein

73

Schloß Adolphsburg

Schloß Adolphsburg Am westlichen Ortsrand Oberhundems steht in der hügeligen Landschaft inmitten der Wiesen das restaurierte, kräftig-rote Schloß Adolphsburg.

Auf sumpfigem Grund 1676 wahrscheinlich von dem westfälischen Barockbaumeister Ambrosius von Oelde erbaut, ruht das Schloß auf Buchenbalken. Im Zentrum des Fürstenberger Besitzes ließ sich der ämterreiche Johann Adolph von Fürstenberg, Kämmerer der Besitz-tümer Hildesheim, Münster und Paderborn, eine repräsentative Anlage bauen. Vornehmlich nutzte er das Schloß für Fest- und Feierlichkeiten und als Jagdstützpunkt, in späteren Jahren als Alterswohnsitz.

Bis 1835 wohnte hier die Familie von Fürstenberg. In der Zeit von 1919 bis 1959 war eine Klosterschule mit Internat im Schloß eingerich-tet. Nachdem 1983 Karl Ames das Gebäude kaufte, sind Appartments entstanden, die vermietet sind. Ein Restaurant soll eingerichtet werden, und ein Museum mit Archiv ist geplant.

Ursprünglich war die Anlage ein geschlossenes Rechteck. In der Mit-te des frühbarocken Herrenhauses ragt auf der Hofseite ein quadrati-scher Treppenturm mit wappengeschmücktem Pilasterportal empor.

Die Rückfront wird von zwei vorspringenden Ecktürmen begrenzt. Langgestreckte Seitenbauten, ebenfalls mit kleineren Ecktürmen geschmückt, schließen den großen Innenhof ab. Das seitlich gelegene Torhaus durchbricht die Symmetrie der wasserumflossenen Anlage. Aus der Ferne betrachtet fallen besonders die vielen Türme auf.

Schloß Adolphsburg hatte ehemals eine prunkvolle Innenausstattung mit üppigen Schnitzereien, vielen Balkenstuckdecken, Türen mit Kränzen, Putten und Säulen und goldgepreßten Ledertapeten. Die reiche Bibliothek mit 20 000 Bänden befand sich nur kurz hier. 1902 wurde die Inneneinrichtung zum größten Teil nach Herdringen (siehe Seite 90) übertragen. Von der früheren Schönheit zeugen heute nur noch zwei Sandsteinkamine aus dem Jahr 1681 im ehemaligen Rittersaal.

Haus Obersalwey Am Flüßchen Salwey westlich von Eslohe liegt eines der wenigen Herrenhäuser des Sauerlandes, das man schon von weitem sehen kann. Der Anblick ist besonders von den Höhen der Homert eindrucksvoll.

Haus Obersalwey

Das alte Rittergut der Familie von Schade war bis 1908 im Besitz der von Landsberg-Velen, dann gehörte es den Grafen von Spee aus Ahausen, die dort ihre Forstverwaltung untergebracht hatten. Nach der Renovierung in den siebziger Jahren war zwischenzeitlich ein Schloß-hotel eingerichtet, doch heute arbeitet hier eine Designergruppe.

Das einfache, schlichte Herrenhaus ist mit einer doppelläufigen Freitreppe und einem Dreiecksgiebel geschmückt; südöstlich ist ein kleinerer Rundturm angebaut.

Haus Bamenohl Das sehr einfache, bereits längere Zeit nicht reno-vierte Haus Bamenohl im Lennetal bei Finnentrop wird erstmals 1362 urkundlich erwähnt. Die Adelsfamilie von Hundem, genannt Peper-sack, war ein Zweig der Herren von Förde und wurde Lehnsträger des Besitzers zu «Babenole».

Die Familie von Heggen folgte um 1370, und Mitte des 15. Jahr-hunderts ging der Besitz durch Einheirat an die Brüder Guntermann und Heinrich von Plettenberg, die sich das Anwesen teilten.

Haus Bamenohl

Ein erstes altes Haus mit Ringmauer ist aus dem Jahr 1474 bekannt. 1508/09 wurde der Besitz in die Höfe Nieder- und Oberbamenohl getrennt und erst 1753 wieder zusammengeführt. Die Gebäude von Oberbamenohl wurden, da sie in schlechtem baulichem Zustand waren, 1784 vollständig abgerissen.

Als landwirtschaftlicher Betrieb wird das Anwesen heute von der Familie von Plettenberg-Heeren genutzt, die Bamenohl 1800 erbten. Das Hauptgebäude steht jedoch leer.

Schloß Lenhausen Direkt an der Hauptstraße im Ort Lenhausen, zwischen Plettenberg und Finnentrop, liegt das kleine wasserumflossene Schloß der Grafen von Plettenberg-Lenhausen. Recht trutzig, wohlrestauriert und stolz wirken die dicken, bruchsteinernen Mauern.

Als arnsbergisches Lehen wurde um die Wende des 13./14. Jahrhunderts Hermann von Lenhausen auf dem Zentralhof mit Mühle eingesetzt. Auf Heinrich von Lenhausen (1450) folgte 1457 bis 1465 Heidenreich von Plettenberg, dessen Söhne das Gut zwischen 1474 und 1483 in

Schloß Lenhausen

Schloß Lenhausen

ein oberes und unteres Haus teilten. Die Vereinigung durch Kauf fand erst in der Zeit von 1718 bis 1733 statt. Das «Unterste Haus» brannte 1732 ab und wurde nicht wieder aufgebaut.

Auf dem Grundriß des oberen Hauses erfolgte der Umbau zu einem Wasserschloß mit drei Türmen. Verantwortlich waren Bernhard von Plettenberg und seine Frau Ottilie von Fürstenberg, was der Besucher an Wappensteinen und Mauerankern mit den Initialen und den Jahreszahlen 1664, 1672 und 1673 erkennt.

Als 1770 die Familie in das neuerworbene Schloß Hovestadt zog, standen die Gebäude leer und verfielen mit der Zeit, doch 1874 wurde das Gebäude von Grund auf renoviert.

Das mit einem Treppengiebel verzierte zweiflügelige Vorgebäude, früher vermutlich eine Art Vorburg, wurde nach der Zerstörung durch einen Brand 1880 neu errichtet.

Seit 1927 bewohnt die Familie wieder das Schloß. Die starken Bombenschäden des letzten Krieges wurden durch eine umfangreiche Restaurierung in den Jahren 1974 bis 1978 behoben.

Burgruine Schwarzenberg Östlich von Plettenberg nahe der Ortschaft Pasel versteckt sich eine romantische Burgruine in den Wäldern.

1301 bauten Rötger von Altena und Gert von Plettenberg den ersten Wohnturm für Graf Eberhard II. von Altena auf dem Berg, wo auch der Graf von Arnsberg ein Burghaus besaß; letzteres wurde jedoch im Jahr 1352 zerstört.

Zu dieser Zeit muß schon ein ausgedehnter Gebäudekomplex bestanden haben, der durch eine beachtliche Anzahl von Burgmannssitzen befestigt worden war. Ob der gewaltige quadratische Burgfried – er gehört mit einer Kantenlänge von über 13 Metern zu den massivsten in Westfalen – ebenfalls bereits im 14. Jahrhundert bestand, läßt sich nicht nachweisen.

Der Große Kurfürst verkaufte 1669 das Burggelände an einen Drosten aus der Familie von Plettenberg. Obwohl zahlreiche Versuche unternommen wurden, den Verfall des Anwesens aufzuhalten, verkam Schwarzenberg zu einer Ruine.

Der «Plettenberger Heimatkreis» bemüht sich heute um den Erhalt der Restsubstanz und hat Restaurierungen von Teilstücken bereits realisieren können.

Burgruine Schwarzenberg

Haus Amecke

Haus Amecke In den Feldern vor Amecke erhebt sich eine alte, ver-
witterte ehemalige Wasserburg, an der die Sorpe vorbeifließt.

Weit geht die Ahnenreihe des heutigen Besitzers zurück. Im Jahr
1338, als dieser Platz erstmalig erwähnt wurde, erhielt Johann de
Wrede, Richter und Amtmann in Balve, von Gottfried IV. «Adenbeke»
als Lehen. Drei Generationen dieser Familie stellten das Drostenamt
der Grafen von Arnsberg, und im Dreißigjährigen Krieg waren sie
Drosten der Grafen von Nassau in Siegen.

1419 teilte Amecke sich in ein oberes und ein unteres Haus. Letzteres
war stets im Besitz der Familie von Wrede, das obere Haus ging durch
Heirat an die Familie von Heygen und später an die Droste zu Füchten.
1578 kaufte die Familie von Wrede das obere Haus zurück.

Die heute noch bestehenden zwei einfachen Herrenhäuser mit wuchtigen, quadratischen Ecktürmen stammen aus der Barockzeit. Bis 1830
war das Anwesen von Wassergräben umgeben; heute wird die Anlage,
die einen sehr wild-romantischen Eindruck macht, als landwirtschaftlicher Betrieb genutzt. Über dem breiten Einfahrtstor von Haus Amek-
ke ist ein schönes Wappensiegel angebracht.

Schloß Wocklum Das heutige Wasserschloß Wocklum geht auf Hermannus de Wockenhem zurück, der das Schloß im Jahr 1241 errichten ließ. Die letzte Urkunde, die den Namen Wockenhem erwähnt, stammt aus dem Jahr 1350, denn schon 1370 wurde der kölnische Amtsdrost zu Balve, Albert von Bockenförde, als Besitzer genannt. Ein anderer Balver Drost, Hermann von Hatzfeld, heiratete 1563 in die Familie ein. Da er mit dem Kölner Erzbischof Gebhard Truchsess Streit hatte, konnte er sich seines Besitzes nicht lange erfreuen – sein Haus wurde von Leuten des Erzbischofs besetzt und niedergebrannt.

1646 kam das Anwesen durch Heirat an Dietrich von Landsberg zu Erwitte, dessen Nachfahren, die Grafen von Landsberg-Velen, heute das Wasserschloß bewohnen.

Das schlichte zweiflügelige Herrenhaus entstand in den Jahren 1748 bis 1755. Die Hofseite schmückt ein dreiachsiger Risalit unter einem Flachgiebel. Im Salon und im Mittelsaal finden sich noch ornamentale Verzierungen, figürliche Darstellungen und Ansichten westfälischer Schlösser. Der Innenraum der Schloßkapelle ist reich mit barockem Schmuck verziert.

Burgruine Hachen Auf einem Berggrat hoch über dem Ort Hachen an der Sorpe künden nur wenige Mauerreste davon, daß hier schon im 11. Jahrhundert der namengebende Sitz eines Adelsgeschlechtes war.

Cuno von Beichlingen übergab die Burg kurz vor seinem Tod 1103 dem Kölner Erzbischof. In der ersten Hälfte des 13. Jahrhunderts kam das Anwesen an Arnsberg, und 1368 erhielten die Kölner sie als eine der acht arnsbergischen Landesburgen vom letzten Grafen zurück.

Über die Baugeschichte ist nichts bekannt. Einige Mauerstümpfe, Reste eines Turmes und einer Ringmauer am Abhang nordöstlich des Zufahrtsweges und der im Jahr 1923 hinzugefügte Torbogen ergeben nur ein recht unvollkommenes Bild dieser Burg, die nur bis zu Beginn des 17. Jahrhunderts bewohnt war. Ausgrabungen und Forschungen brachten nur wenige Erkenntnisse.

Schloß Melschede Zwischen Langscheid am Sorpesee und Hövel liegt links der Straße im Talgrund das Schloß Melschede, umgeben von dichten Bäumen. Als Ursprung des Schlosses gilt das sogenannte

Schloß Melschede

«Niederste Haus», in dessen Zusammenhang ein Hermann Vlecke als Besitzer um 1281 genannt wird. Im 14. Jahrhundert kam die Familie von Wrede in den Besitz des Anwesens und nannte sich nun von Melschede.

1558 bis 1560 ließ der Besitzer Johann von Wrede das Haus neu errichten. Sein Nachfahre Clemens Carl von Wrede-Melschede bewohnt heute das Schloß.

Als Besitzer eines «Obersten Haus» ist 1364 Albert Wrede bekannt, dessen Nachfahren dieses Haus bis 1609 bewohnten. So existierten bis ins 17. Jahrhundert zwei Herrschaftshäuser.

Das heutige Schloßgebäude wurde als Wasseranlage 1663 bis 1669 von dem Kapuziner-Mönch Bonitius aus Trier zusammen mit dem Steinmetz- und Maurermeister Nikolaus Dentel aus Volkmarsen als geschlossene Vierflügelanlage mit Binnenhof und Ecktürmen errichtet. Da das «Niederste Haus» unrenovierbar war, mußte Ferdinand von Wrede beim Kölner Kurfürsten einen Antrag auf Neubau stellen.

Bei der ersten Restaurierung durch den Arnsberger Baumeister Hunzinger zwischen 1820 und 1823 wurde ein Flügel mit zwei Ecktürmen abgebrochen, und die Wassergräben wurden zugeschüttet. Als Anfang der zwanziger Jahre die Dächer umgestaltet wurden, erhielt der südliche Eckturm eine welsche Haube.

Sehenswert ist die Hauskapelle St. Antonius aus dem Jahr 1670, die mit einer barocken Stuckdecke geschmückt ist. Im Altarbild sind Bajonettstiche aus der Zeit der napoleonischen Besetzung zu sehen.

Schloß Herdringen In einem herrlichen Landschaftspark mit mächtigen alten Bäumen erhebt sich eine für das Sauerland einmalige Schloßanlage – Schloß Herdringen ist im englischen Tudorstil erbaut. Das Gut Herdringen, erstmalig im 12. Jahrhundert urkundlich nachweisbar, wurde im Jahr 1618 von dem Paderborner Fürstbischof Dietrich von Fürstenberg übernommen, dessen Nachfahren das Schloß heute noch besitzen und einige Gebäudeteile bewohnen.

Die Fürstenberger wurden 1659 durch Kaiser Leopold in den Reichsfreiherrenstand erhoben. So begann Ferdinand von Fürstenberg 1680 mit einem repräsentativen Schloßbau, wovon aber nur die massive Vorburg mit Barockportalen fertiggestellt wurde. Als Architekt zeichnete Ambrosius von Oelde verantwortlich.

Schloß Herdringen

Schloß Herdringen

Schloß Herdringen

Die Erhebung in den Grafenstand 1843 war dann schließlich Anlaß, daß der Neubau eines Herrenhauses nach Plänen des Kölner Dombaumeisters Zwirner, einem Schüler des namhaften Baumeisters Karl Friedrich Schinkel, auch zur Ausführung kam. Bis zu diesem Zeitpunkt stand auf dem Anwesen nur ein kleines Burghaus.

Das neogotische Bauwerk umschließt als Vierflügelanlage einen Binnenhof mit quadratischen Türmen an der Ostseite. Vor allem der runde Turm mit Zinnenkranz am Südflügel vermittelt dem Betrachter den Eindruck eines Märchenschlosses.

Das Gartenhaus stammt von Gottfried Laurenz Pictorius und wird, wie ein weiterer Turm des Anwesens, privat bewohnt.

Das Treppenhaus und das Untergeschoß wurden 1902 reich mit Stuckdecken, Wandmalereien, Ledertapeten und geschnitzten Wandtäfelungen aus den Schlössern Adolphsburg (Seite 74) und Schnellenberg (Seite 64) ausgestattet.

Die Holzarbeiten fertigte Bernhard Rincklage aus Münster. Besonders sehenswert ist auch ein gußeisernes Nebentreppenhaus.

Auf Schloß Herdringen befindet sich das umfangreiche Archiv der Familie von Fürstenberg. Lange Jahr diente das Schloß als Caritasheim; heute ist ein Internat eingerichtet.

Burghaus Freseken Das im Volksmund auch Fresekenhof genannte Burghaus nahe der Ruhr am alten Ortsausgang Richtung Menden ist mit dem Gransauhof in der Burgstraße letzter Zeuge der mittelalterlichen Burg und Stadt Neheim. Die stark befestigte Burg Neheim wurde 1270 von dem Grafen von Arnsberg im Winkel zwischen Möhne und Ruhr erbaut. In den Kellergewölben läßt sich auch heute noch die ehemalige Befestigungsanlage nachweisen. Um diese Anlage noch zu verstärken, wurde südlich davon um 1360 ein Burghaus, genannt das «Neue Haus», auf der Stadtmauer errichtet und dem Burgmann Wilhelm Freseken 1377 als Lehen übertragen.

Bis ins 16. Jahrhundert als erbliches Lehen im Besitz dieser Familie, erfolgte dann ein häufiger Besitzerwechsel: Hauptmann Israel (1653), Ferdinand Lothar von Bövinghausen (1680), die Familie von Wrede-Lohe (um 1700), Generalmajor de Folleville (1718) und die Freiherren und Grafen von Fürstenberg-Herdringen (1766) waren die Burgherren. In der Zeit von 1802 bis 1893 wurde in diesem Haus Gericht gehalten.

Burghaus Freseken

In den sehr gut erhaltenen Kellergewölben läßt sich auch heute noch die ehemalige starke Befestigungsanlage nachweisen.

Eine Inschrift auf den Mauern weist auf ein Baudatum von 1680 hin, doch seine heutige klassizistische Gestalt erhielt das Burghaus Freseken bei einem Umbau im Jahr 1820.

1979 erwarb die Stadt Arnsberg den Fresekenhof. Heute dient das Gebäude Gruppen- und Vereinsversammlungen.

Landsberger Hof Arnsbergs repräsentativstes und sehenswertestes Gebäude am Alten Markt ließ der Kurfürst Ernst von Bayern, Erzbischof zu Köln, im Jahr 1605 für seine Haus- und Hofdame Gertrud von Plettenberg bauen. Seine Lebensgefährtin führte das Hauswesen auf den kurfürstlich westfälischen Schlössern.

Gertrud war eine lebenslustige Dame und richtete viele rauschende Feste aus, wie alte Notizbücher berichten.

Zu dieser Zeit soll der Landsberger Hof mit dem höher gelegenen Schloß durch einen Geheimgang verbunden gewesen sein. Auch als

Landsberger Hof

«schön und lieblich anzusehendes Gespenst» hat die kurfürstliche
Geliebte überlebt. So geistert sie seit ihrem Tod mit klappernden
Schüsseln und Töpfen durch den Landsberger Hof, weiß die Legende.

Durch Erbschaft ging das Haus an eine Enkeltochter Gertruds, an
die Klosterschwester Katharina von Meldert. Später gehörte es dem
Landdrosten Dietrich von Landsberg-Velen, der dem Besitz seinen
Namen gab.

Der heutige große zweistöckige Bau mit einem Seitenflügel ist vermutlich auf älteren Fundamenten errichtet worden, da die Keller noch
gewölbte Decken haben. Im Portal des Mittelrisaliten ist die Jahreszahl
1741 zu lesen. Der Rundturm an der nordöstlichen Ecke beherbergte
ehemals eine Kapelle.

Nach einem Brand und dem anschließenden Wiederaufbau 1856
diente der Landsberger Hof nacheinander als Sitz der Hofkammer, des
Oberlandesgerichtes, der Oberpostdirektion und anderer Behörden.
1937 wurde dort das Sauerlandmuseum eröffnet, das jedoch schon
kurze Zeit später im Zweiten Weltkrieg geschlossen wurde und erst
1964 nach einer Restaurierung wiedereröffnet wurde. Der Besucher
findet eine umfangreiche Sammlung zur Kulturgeschichte und
Naturkunde des Kurkölnischen Sauerlandes.

Schloß Arnsberg Oberhalb der Stadt Arnsberg liegen auf dem Schloß-
berg die ausgedehnten Ruinen einer der ältesten Burgen und eines der
bedeutendsten Schlösser Westfalens.

Um die Wende des 11./12. Jahrhunderts mußten die Grafen von
Werl-Arnsberg ihre Burg auf dem Rüdenberg mit Kurköln teilen.
Deshalb ließ Graf Friedrich der Streitbare (1092–1124) auf dem sich
östlich anschließenden Berg eine neue Burg an einem strategisch wich-
tigen Punkt errichten und sicherte somit sein Gebiet gegen Übergriffe
seiner Feinde.

Nach Friedrichs Tod zerstörte Lothar von Sachsen jedoch dessen
Burgen Rietberg und Wewelsburg, so daß Friedrichs Tochter nur noch
Schloß Arnsberg blieb. Sie heiratete zum zweitenmal, und die Burg
ging in Besitz des niederländischen Ehemannes Grafen Gottfried I. von
Cujk über, der sich seit 1139 von Arnsberg nannte.

Wegen Erbstreitigkeiten ließ dessen Sohn seinen Bruder im Kerker
verhungern, woraufhin Heinrich der Löwe die Burg zerstörte.

Schloßruine Arnsberg

101

Schloßruine Arnsberg

1166 erfolgte der Wiederaufbau, und auch der Marktflecken wurde umwehrt, um zukünftig besser vor Angriffen geschützt zu sein.

Der letzte der Grafen von Arnsberg, Gottfried IV., verkaufte Burg und Gebiet dem Erzbistum Köln, so daß Arnsberg sich später zum Verwaltungszentrum für das Herzogtum Westfalen und das kurkölnische Sauerland entwickelte.

Den Ausbau zur prunkvollen Sommerresidenz der Kölner Bischöfe initiierte 1575/76 der Kurfürst Salentin von Isenberg nach Plänen des Baumeisters Laurenz von Brachum. Der alte Bau wurde abgerissen.

Im Dreißigjährigen Krieg verfiel das Schloß sehr, Kurfürst Max Heinrich veranlaßte 1661 eine Ausbesserung.

Eine radikale Neugestaltung ohne Festungscharakter wurde unter Clemens August von Bayern 1730/34 realisiert. Johann Conrad Schlaun entwarf ein Prunkschloß im Renaissance-Stil, einen Dreiflügelbau mit vorspringenden Ecktürmen sowie reicher Innenausstattung. Neben dem Jagdschloß Hirschberg diente das Schloß den Erzbischöfen vor allem auch als Ausgangspunkt für Jagden im Arnsberger Wald.

Im Siebenjährigen Krieg von den Franzosen besetzt, wurde das Schloß von braunschweigischen Truppen in Brand geschossen.

Danach wurden die Ruinen lange Zeit anderweitig verwendet: So dienten die Steine auch zum Bau des Zuchthauses. Erst 1966 erfolgte eine Restaurierung der Grundmauern und Kellergewölbe durch die Stadt Arnsberg, so daß sich heute wieder die wesentlichen Grundzüge des Schloßbaus, wie er unter Clemens August bestand, erkennen lassen.

Die Einnahmen des allsommerlich gefeierten Ruinenfestes dienen der weiteren Restaurierung der Burg.

Jagdschloß St. Meinolf Die verspielt-verschachtelt anmutende Dachkonstruktion des Jagdschlößchens St. Meinolf ist sehr augenfällig. Tief im Arnsberger Wald nahe dem Ort Neuhaus gelegen, entzieht es sich allzu schneller Betrachtung.

Um 1878 kaufte ein Hamburger Bankier namens Conrad Hinrich II. von Donner im Arnsberger Wald große Ländereien und begann 1891 mit dem Bau eines privaten Jagdschlößchens, das in der Folgezeit oftmals umgebaut wurde.

Der Sohn des Erbauers, Conrad Hinrich III. von Donner, ließ die Anlage aus Repräsentationsgründen verschönern und umbauen.

So erhielt der Bau zu dieser Zeit den Turm, die Dächer und das schmückende Fachwerk, für das der Architekt Graf von Hardenberg aus Kiel verantwortlich zeichnete. Seit 1948 wurde St. Meinolf als Bildungsstätte der Diözese Paderborn genutzt; heute ist ein Hotel in dem Anwesen eingerichtet.

Hirschberger Tor In Hirschberg stand einst ein Jagdschloß, das zu Anfang des 19. Jahrhunderts fast gänzlich abgebrochen wurde.

Das 1753 errichtete Hirschberger Tor blieb jedoch erhalten und wurde 1826 an der Propsteikirche in Arnsberg aufgestellt. So kündet das ehemalige Schloßtor als letztes Relikt von den Jagdzeiten im Arnsberger Wald unter Clemens August, der das Tor mit Jagdszenen schmücken ließ. Johann Conrad Schlaun entwarf Tor und Figuren, der rheinische Bildhauer Manskirch führte die Tierplastiken aus.

Vorläufer des Schlosses in Hirschberg war seit etwa 1100 eine Burg, die bis 1368 ein wichtiger Grenzsicherungspunkt der Arnsberger Grafen gegen das Herzogtum Westfalen war.

Hirschberger Tor

Auch ein Dorf entstand allmählich um die Burg, das in Urkunden zunächst «Hirtzberg» genannt wurde. Graf Wilhelm erhob 1308 Hirschberg zur Stadt mit Lippstädter Recht. Eine Umwehrung wurde 1340 gebaut.

Als 30 Jahre später das Gebiet an Kurköln kam, sank die Bedeutung der Stadt herab, doch besuchten die Kölner Erzbischöfe sehr gerne die Burg, um in den wildreichen Wäldern zu jagen.

Über das kleine Jagdschloß aus dieser Zeit ist nichts bekannt, nur daß es im Dreißigjährigen Krieg zerstört wurde. An seiner Stelle ließ der Kurfürst Max Heinrich 1662 einen Neubau nach Plänen des Baumeisters Bonitius als hufeisenförmige Dreiflügelanlage mit einem Marstall ausführen. Dieser steht heute noch in Hirschberg, ist jedoch sehr verfallen.

Der unter dem Kurfürst Clemens August angeschaffte Altar für die Schloßkapelle ist heute am rechten Seitenaltar in der Hirschberger Pfarrkirche zu sehen.

Schloß Laer Den schönsten Blick auf Schloß Laer, das westlich vor Meschede liegt, hat man, wenn man vom Klausenberg durch die lange Birkenallee auf die Anlage zugeht. Eingebettet in das weite Ruhrtal, bilden die weißen Mauern einen markanten Blickpunkt.

1268 kaufte das Damenstift zu Meschede unter der Äbtissin Agnes einen Gutshof Bernhard von Laer ab. Als Stiftsgüter zu Laer wurden 1314 der Schultenhof, der Wulfeshof und zwei Kotten genannt. Aus dem Wulfeshof ging später das Wasserschloß Laer hervor.

Die Mescheder Stiftsdamen vergaben ihren Besitz in den folgenden Jahrhunderten an verschiedene adelige Familien.

1582 wurde Johann von Ovelacker-Gevelinghausen der Besitzer; sein Sohn Caspar verkaufte das Gut 1602 mit Genehmigung der Stiftspropstei an den Paderborner Hofbaumeister Heinrich von Westphalen. Dessen Nachfahren besitzen das Schloß noch heute. Wie im Tagebuch des Kaspar von Fürstenberg im Herdringer Archiv geschrieben steht, begann Heinrich von Westfalen 1608 mit einem Neubau, in dem ältere Mauern miteinbezogen wurden. Das Renaissance-Herrenhaus erhielt an seiner Südseite einen quadratischen Treppenturm vorgestellt.

Zwei Jahre später vergrößerte Heinrich seinen Besitz durch den Ankauf des Schultenhofes und der zwei Kotten. Neu- und Umbauten

Schloß Laer

erfolgten 1669. So erhielt der Treppenturm sein barockes Portal und die geschwungene Haube. Vermutlich stammt auch die Kapelle St. Johannes der Täufer mit gotischen Strebepfeilern, barocker Fassade, Schweifgiebel und dreistufigem Dachreiter aus dieser Zeit.

Die Vorburg mit Dreiecksgiebel über dem Torhaus und die Wirtschaftsgebäude ergeben einen langgestreckten dreiflügeligen Komplex. Alle diese Bauten wurden erst 1764 unter Friedrich Wilhelm von Westfalen hinzugefügt. Auch die Kapelle ließ er ausschmücken.

Bei der grundlegenden Erneuerung in den Jahren 1890 bis 1893 wurde wahrscheinlich ein Stockwerk abgetragen und das Herrenhaus um einen weiteren seitlichen Pavillon ergänzt, um so eine symmetrische Anlage zu schaffen.

Besonders schön ist die gußeiserne Hängebrücke, die sich auf der Rückseite des Schlosses über die Ruhr spannt.

Haus Berge Am Ortseingang von Niederberge nahe der Wenne hat der ehemalige Rittersitz Berge seinen Standort.

Haus Berge

Im 13. Jahrhundert wurden die Herren von Berge erstmals urkundlich erwähnt. Heinrich und Bolemann waren nachweislich für die Zeit um 1313 Lehnsträger der Arnsberger Grafen.

Nach 1384 wurde das Gut von einer Familie zur anderen vererbt oder verkauft: Die von Mülsborn, Schade, Ensberg, von Plettenberg und von Holdinghausen besaßen das Haus bis zum Jahr 1661, bis finanzielle Nöte den Eigentümer schließlich zum Verkauf an Jobst Edmund von Brabecke zwangen, der über 20 000 Taler für das Anwesen bezahlte. Dieser Hausherr errichtete 1664 einen Neubau – eine Inschrift aus diesem Jahr belegt dies –, welcher der Grundstock des noch heute bestehenden Hauses ist.

Doch bereits sechs Jahre später verkaufte Jobst von Brabecke das Anwesen für 27 000 Taler an den Kölner Erzbischof. Ob durch den Verkauf ein Gewinn erwirtschaftet wurde, ist fraglich, da die Kosten für den Neubau nicht unerheblich gewesen sein dürften.

In der Folgezeit erreichte Haus Berge seine Bedeutung als kurfürstliches Jagdschloß und wurde später erst hessische, dann preußische Staatsdomäne.

1827 kauften die Grafen von Westfalen das Gut, 1841 veräußerten sie es an die Familie von Boese.

Haus Wenne Wie so viele kleine Güter im malerischen Wennetal war auch Haus Wenne ein Lehen der Grafen von Arnsberg und später des Erzbistums Kurköln.

Für das Jahr 1371 ist Engelbert von der Wenne als Lehnsträger nachweisbar. In der Folgezeit wechselte das Besitztum in verschiedene Familien. So fiel das Gut zunächst an die von Cobbenrode, dann an die Familie von Elspe und 1412/1413 an die von Rump.

Der letzte von Rump, Franz Wilhelm, fiel im Alter von 23 Jahren einem Mordanschlag einer verfeindeten Familie zum Opfer, so daß das Anwesen einer Tante im Jahr 1678 als Erbe zufiel. Diese Tante war mit dem Jägermeister Ignaz von Weichs verheiratet. Seit Mitte des 17. Jahrhunderts bis heute befindet sich Haus Wenne im Besitz der Familie von Weichs.

In früheren Jahren, so läßt sich aus dem Grundriß schließen, besaß das Anwesen nur einen Verteidigungsturm, der in der Folgezeit zu einem Wohn-Wehrturm umgebaut und mittlerweile abgerissen wurde.

Heute sieht man einen einfachen, massiven Bruchsteinbau unter einem hohen schiefergedeckten Walmdach mit einem turmartigen Anbau, neben dem ein Fachwerkhaus sowie ein altes Torhaus mit Mansarddach stehen.

Burgruine Eversberg Oberhalb des Ortes Eversberg mit weitem Blick über das Ruhrtal ließen die Grafen von Arnsberg im 13. Jahrhundert eine kleine Burg errichten, die das Arnsberger Gebiet gegen Übergriffe der Kurkölner sichern sollte. Zur gleichen Zeit entstand der Ort Eversberg, der schon 1242 das Stadtrecht durch den Grafen Gottfried III. von Arnsberg erhielt.

Über das Schicksal der Burg, von der heute nur noch eine verwilderte Ruine besteht, ist nichts bekannt.

Die Überreste von alten Grundmauern und der teilrestaurierte Stumpf des massiven Bergfrieds mit einer hölzernen Plattform sind Ziel kleiner Spaziergänge in Eversberg, das besonders durch seine schöne, ruhige Berglage bekannt ist.

Burgruine Eversberg

Auch wenn in Eversberg um 1400 Münzen geprägt wurden und der Ort dem Hansehandelsbund angeschlossen war, überflügelte doch der nahegelegene Marktort Meschede Eversberg an Bedeutung.

Später wurde Eversberg durch Tuchmacherei und Schmiedekunst bekannt. Fahrende Handelsleute verkauften die Erzeugnisse bis nach Belgien und Nordfrankreich.

Haus Ostwig Rechts am Ortseingang von Ostwig verbergen hohe Kastanienbäume das Adelshaus, das auf ein im Jahr 1200 erstmals genanntes Gut zurückgeht.

Graf Ludwig von Arnsberg (1281–1313) setzte zunächst die Brüder Lambertus und Gerhardus de Ostwich als Dienstmänner und Lehnsträger für das Anwesen ein.

Im 15. Jahrhundert wechselten die Besitzer häufig – so wurden als Eigentümer im Jahr 1437 Heinrich Kreyenkynt genannt, 1481 Johannes Rump und 1486 die Familie von Hanxleden, die auch das heute noch bestehende Herrenhaus 1670 erbauen ließ.

Haus Ostwig

1755 wurde Theodor Bernhard Graf von Hanxleden durch den Freiherr von Schade von Schloß Antfeld vertrieben.

Erst nach neun Jahren erhielt er durch kaiserliches Urteil seinen Besitz (auch die Güter Bestwig und Borg) zurück.

1765, auf einer Jagd, zu der Freiherr von Schade geladen hatte, wurde Graf Hanxleden durch eine Kugel tödlich verletzt.

Freifrau von Graugreben erwarb daraufhin Haus und Gut, um 1771 das gesamte Anwesen an ihren Schwiegersohn Johann Wilhelm von Lüninck zu Niederpleis weiterzuverkaufen.

Dessen Nachfahren bewohnen heute noch das Haus. Bekannt wurde besonders Ferdinand von Lüninck, der 1944 als Widerstandskämpfer gegen die Nationalsozialisten hingerichtet wurde.

Schloß Gevelinghausen Der ausgedehnte Schloßkomplex liegt in dem kleinen Ort Gevelinghausen über der Hauptstraße und fällt vor allem durch die interessante Fassadengliederung auf: Fachwerk wechselt sich mit Schiefer und weiß verputzten Wänden ab.

Schloß Gevelinghausen

115

Das alte Rittergut, zuerst ein Lehen des 850 gegründeten Damenstiftes zu Meschede, beherbergt heute in einem Seitenflügel ein nobles Schloßhotel, das aus dem 18. Jahrhundert stammende Herrenhaus wird hingegen privat genutzt.

1299 wurde erstmals Hermann von Grevelinghausen urkundlich erwähnt. Einer seiner Söhne befestigte im Jahr 1371 das Haus und trug es drei Jahre später dem Kölner Erzbischof als Lehen an. Doch aus finanziellen Nöten heraus mußte das Schloß verpfändet werden, so daß die Familie von Hanxleden in den Besitz von Schloß Gevelinghausen kam. In der Folgezeit war das Anwesen Eigentum der Familien von Selbach und von Ovelacker. Nach dem Dreißigjährigen Krieg 1648 folgte dann Cord Matthias von Schorlemer, elf Jahre später die Familie von Siegen, bis 1796 das Gut an Simon Wendt-Papenhausen verkauft wurde. Die Nachfahren dieser Familie besitzen und bewohnen das Schloß Gevelinghausen auch heute.

Schloß Schellenstein Dicht an der Ruhr am Ortseingang des Städtchens Bigge steht Schloß Schellenstein. Der ehemalige Adelssitz dient heute als Schloßhotel.

Als erster Besitzer dieses Rittergutes ist im Jahr 1462 Goddert de Wrede zu Schellenstein nachweisbar. 1708, so die Urkunden, erwarb der Hildesheimer Domscholaster Jobst Edmund von Brabeck das Anwesen. Im Jahr 1819 übernahmen die Grafen zu Stolberg und 1839 die Familie von Wendt zu Papenhausen das Schloß, bis Karl Ames aus Brilon-Rösenbeck das Gebäude zu einem Hotel umgestaltete.

Das jetzt in einer gepflegten Parkanlage gelegene, mit Schiefer- und Sollingplatten verkleidete Herrenhaus geht im Mittelteil auf einen Bau derer von Brabeck aus dem frühen 18. Jahrhundert zurück. Als Fachwerkhaus mit Bruchsteinsockel wurde das Schloß 1840 bis 1845 neu errichtet, und die Seitenflügel wurden hinzugefügt.

Vor der Aufnahme des Hotelbetriebes wurde das Anwesen sorgfältig restauriert. Besonders schön ist das weißverputzte wuchtige Torhaus.

Die gesamte Anlage von Schloß Schellenstein mit der alten Wassermühle und den Fachwerkbauten, die früher als Forsthäuser dienten, steht auf einer Schieferbank einige Meter über dem Talboden und vermittelt noch den malerischen Eindruck eines typischen sauerländischen Kleinadelswohnsitzes.

Schloß Schellenstein

Schloß Antfeld   Der große, hellgelbe Schloßbau thront über den Schieferdächern des Dorfes Antfeld – eine malerische Szene bietet sich dem
Betrachter. Doch der mittelalterliche Kern der Burg, die erstmals im
Jahr 1259 erwähnt wurde, hat wahrscheinlich an einer anderen Stelle
gelegen.

Zu dieser Zeit waren Lambertus und Volmarus von Antvelde als
Ministeriale des Grafen Gottfried III. von Arnsberg eingesetzt. In der
Folgezeit hat es zwei Burghäuser gegeben, die im 15. Jahrhundert im
Besitz der Herren von Berninghausen waren. Ende des 16. Jahrhunderts
gehörte ein Haus jedoch denen von Ovelacker und wechselte 1648 an
die Familie von Galen. Beide Häuser vereinigten sich 1686 unter Reinhard Caspar von Schade.

Dessen Sohn Christoph Bernhard begann mit dem Neubau eines
Schlosses. Mit seiner Frau Dorothea Bernhardine von Ense beauftragte
er 1715 den Architekten und Maurermeister Nikolaus Wurmstich aus
Lippstadt, eine Dreiflügelanlage zu bauen. Das Herrenhaus erhielt
nach Süden zwei Ecktürme mit quadratischem Grundriß und mit
welschen Schieferhauben.

Da die Nebengebäude als Verlängerung der Seitenflügel errichtet wurden, wirkt die gesamte Anlage, wenn man sie im Innenhof stehend betrachtet, sehr symmetrisch.

Das Zentrum der Front wird von einer doppelläufigen Freitreppe mit schönem, geschmücktem Portal bestimmt, über dem Löwen ein Wappenschild halten.

Die Schloßkapelle im östlichen Teil wurde 1723 errichtet. Das Motiv auf dem Altar – die Kreuzabnahme vor den Bruchhauser Steinen – ist sehr interessant. Es wurde von einem unbekannten Künstler des 16. Jahrhunderts geschaffen.

Seit Beginn des 19. Jahrhunderts ist das Schloß im Besitz der Familie von Papen zu Lohe.

Schloß Alme Niederalme, nördlich der Stadt Brilon gelegen, befand sich im früher vielumkämpften Grenzgebiet zwischen den Hochstiften Köln und Paderborn.

Das heutige Schloß Alme, auch Niederalme genannt, geht auf einen Burgsitz zurück, den die Herren von Meschede 1428 der Familie von Thülen abkauften.

Nach wiederholten Teilungen des Gutes war 1684 das Anwesen wieder im Alleinbesitz der Familie von Meschede, die in dieser Gegend sehr mächtig war, da sie die Patrimonialgerichtsbarkeit besaß.

Wie das Allianzwappen derer von Meschede und von Bruch an der heutigen Südfront zeigt, wurde 1744 ein neues Herrenhaus erbaut. Wenig später folgte die Vorburg. 1765 heiratete Maria Therese von Meschede den Caspar Arnold von Bocholtz aus einer rheinischen Adelsfamilie. 1804 wurde der neue Familienzweig in den Grafenstand erhoben. Seit dem Verkauf im Jahr 1912 ist das von drei Seiten mit Wassergräben umgebene Schloß im Besitz der Grafen von Spee.

Ein monumentales zweigeschossiges Herrenhaus bestimmt das Zentrum der dreiflügeligen Anlage. Die langgestreckten Seitenflügel sind nur eingeschossig. Die Hofseite ist über einen seitlichen Weg einsehbar. Ein Renaissancerelief an der Freitreppe zeigt ein sich umarmendes Liebespaar. Angeblich soll es die Spottdarstellung des kölnischen Erzbischofs Gerhard Truchsess von Waldenburg und der Äbtissin Gräfin von Mansfeld sein. Sie gaben den katholischen Glauben auf und heirateten 1582; ein Jahr später besuchten sie Schloß Alme.

Schloß Alme

Leider sieht man nur wenig von der Gartenfront. Hohe Bäume und eine Mauer verdecken einen reich geschmückten dreiachsigen Mittelrisaliten mit korinthischen Pilastern, der sich über beide Geschosse erstreckt. Auch Fensterumrahmungen, Giebel und das Portal sind üppig mit Muscheln, Rosetten und Fruchtgehängen verschönert.

Haus Tinne Der heutige Gutshof Tinne südöstlich des Dorfes Oberalme geht auf die alte Burg Oberalme zurück, die erstmals für das Jahr 1176 Heinrich den Löwen als Besitzer verzeichnet. Die Chroniken berichten von der Zerstörung der alten Burg durch Bischof Simon von Paderborn und einem Wiederaufbau durch Erzbischof Siegfried.

Seit Mitte des 13. Jahrhunderts, infolge des stetigen Besitzwechsels zwischen Köln und Paderborn, verfiel die Burg. 1430 übertrug der Kölner Erzbischof Dietrich die «wüste Hofstätte» Godert von Meschede.

Nach erneuter Zerstörung im Jahr 1465 durch die Warburger und Geismarer bauten die Brüder von Meschede das Haus noch im gleichen Jahr wieder auf.

Haus Tinne

Durch Einheirat folgten als Besitzer 1566 die Familie von Wolme-
ringhausen und 1638 die Familie von Twiste.

Den Bau des noch jetzt bestehenden, sehr einfachen Hauses veranlaßte 1717 Frau von Gaugreben. Erwähnenswert ist das Barockportal
und der bis in das Dachgeschoß reichende Mittelrisalit.

Das seit dieser Zeit Tinne genannte Anwesen gelangte nach zahlreichen Besitzerwechseln 1821 durch Kauf an die Familie von Bocholtz
und 1912 an die Grafen von Spee.

Einige Mauern der Burg aus der Zeit vor 1465 sind erhalten und
umfassen heute teilweise den Garten.

Schloß und Burgen Padberg Das Schloß in Padberg, einem Ort
zwischen Brilon und Marsberg, wurde um 1800 gebaut, 1864 abgebrochen und 1874 neu errichtet. 1890/91 wurde ein Erweiterungsbau hinzugefügt. Das Schloß ist im Besitz der Gräfin Droste zu Vischering.

Die Burgen in Padberg, von denen nur noch Fundamentreste zu
finden sind, haben ein bewegtes Schicksal hinter sich.

Schloß Padberg

1030 wurde Padberg erstmals urkundlich erwähnt, und um 1100 errichteten die Grafen von Padberg an Stelle einer noch älteren ehemaligen Burg ihre Anlage. Der letzte dieser Familie war Graf Erpo; dessen Witwe Beatrix verkaufte den gesamten Besitz an Kurköln. Der Erzbischof vergab die Anlage als Lehen an eine Familie weiter, die sich daraufhin von Padberg nannte.

Die Ritter von Padberg waren räuberische Krieger und später sogar Mitglieder des Raubritterbundes der «Bengler». Sie überfielen und plünderten die Siedlungen in Westfalen, legten sich mit ihrem Lehensherrn, dem Paderborner Bischof, und den Waldecker Grafen an. An letztere mußten sie einige eroberte Güter abgeben. Die Stadt Padberg war deshalb häufig Ziel der Vergeltungsschläge und wurde 1394 von den Paderbornern und 1414 neuerlich von den Korbachern zerstört.

1314 wurde als zweite Burg das sogenannte Unterhaus auf dem Neuenhagen gebaut. Erst 1473 erfolgte ein vorübergehender Friedensschluß mit dem Erzbistum Köln.

Seit dem 17. Jahrhundert verfallen die Burgen Padberg.

Schloß Canstein Im ehemals kurkölnisch-waldeckischen Grenzgebiet, heute nahe der Grenze zum Bundesland Hessen, erhebt sich trutzig auf einem Kalksteinfelsen Schloß Canstein.

Das Gebäude, wahrscheinlich auf den Resten einer keltischen Fliehburg errichtet, war zu Beginn des 12. Jahrhunderts mit dem Namen «castrum cahenstein» im Besitz des Mainzer Erzbischofs. Nach 1180 waren die Grafen von Eberstein Eigentümer der Burg, doch schon um 1300 verkauften sie das Anwesen an den Kölner Erzbischof. Die Kölner wiederum gaben die Anlage im Jahr 1342 als Lehen an die Brüder Rave von Papenheim, verbunden mit der Auflage, das «castrum cahenstein» zu einer festen Grenzburg auszubauen.

Es wird vermutet, daß zu dieser Zeit das rechteckige Burghaus – das im 16. Jahrhundert erst zu einem Renaissanceschloß ausgebaut und 200 Jahr später als Nordwestteil in den Neubau des Oberen Schloßes integriert wurde – entstand. Auch der halbrunde Turm, der den Nordteil der heute noch bestehenden Anlage ausmacht, stammt aus dem frühen 14. Jahrhundert.

1544 fiel eine Hälfte von Burg Canstein an die Familie von Spiegel. Nach dieser Teilung läßt sich nichts Genaueres über die weiteren bau-

Schloß Canstein

lichen Veränderungen sagen. Bis zum Jahr 1792 gab es viele Prozesse vor dem Reichskammergericht um den Besitz der Burg. Die Streitigkeiten beruhten hauptsächlich auf konfessionellen Gegensätzen der beiden Besitzerfamilien, bis schließlich Franz Wilhelm von Spiegel zu Desenburg auch die zweite Hälfte des Anwesens für seine Familie erwerben konnte.

Im 19. Jahrhundert wechselte die Burg häufig den Besitzer, bis im Jahr 1853 die Freiherren von Elverfeldt die Anlage kauften.

Schloß Bruchhausen Nahe der Hauptstraße, die durch das Dorf Bruchhausen führt, versteckt sich ein efeuberanktes, sagenumwobenes Schloß, das schon die westfälischen Dichter Annette von Droste-Hülshoff und Levin Schückin literarisch würdigten. Als einen der «wildesten Punkte» des Sauerlandes beschrieben sie die Landschaft mit dem steil-schroffen Istenberg, auf dem die Felsen der Bruchhauser Steine auf das Dorf zu stürzen scheinen.

So mutet auch die recht kleine, wasserumflossene Burg wie ein Schauplatz aus einem Märchen der Gebrüder Grimm an.

Seit 1150 ist das Schloß im Besitz der Ritter von Bruchhausen. 1475 heiratete die Erbtochter Hermann Gaugreben zu Goddelsheim, der Gaugraf des Gaugerichtes zu Medebach war. Als 1911 der letzte männliche Erbe starb, adoptierte Therese von Gaugreben 1918 ihre Nichte, die kurze Zeit später Ferdinand von Lüninck heiratete. Seither wird das Wasserschloß von dieser Familie bewohnt, die das Anwesen heute als Gestüt nutzt.

Um einen Wohn- und Verteidigungsturm aus dem 14. Jahrhundert, der zur Überwachung der Handelswege diente, wurde die Wasserburg seit dem 17. Jahrhundert ständig umgebaut. Die Zahl 1606 auf einem Wappenstein über dem Westeingang sowie die Jahreszahlen 1811 und 1816 auf den Wetterfahnen dokumentieren die Daten der Umbauten von Schloß Bruchhausen.

Zum Schloß gehört auch die ehemalige barocke Rentei von 1788 sowie das Wirtschaftsgebäude mit Ställen, in denen noch die über 500 Jahre alten Eichenbalken zu sehen sind.

Die ehemals zum Anwesen gehörende Schloßkapelle wurde bereits 1830 abgerissen – sie war bereits sehr zerfallen und konnte wegen der schlechten Bausubstanz nicht erhalten werden.

Schloß Bruchhausen

127

Schloß Wildenberg

Schloß Wildenberg Wie der Ort Brunskappel nördlich von Siedling-hausen drohte dieses verwunschene Märchenschloß in den Fluten der geplanten Negertalsperre zu versinken. Doch nach jahrelangen Ausein-andersetzungen zwischen den Bürgerinitiativen und dem Ruhrtal-sperrenverein wurden diese Baupläne fallengelassen, und das efeu-berankte Schloß Wildenberg konnte erhalten werden.

Bereits für das 10. Jahrhundert ist eine Kapelle nachweisbar, die für Bruno von Köln, den Erzbischof, erbaut wurde. Das Gut mit der Kirche gehörte später dem Kloster Grafschaft. Widekind von Grafschaft soll im 13. Jahrhundert den Turm eines Schlosses gebaut haben, den nach seinem Tode dessen Witwe Adelheid von Wildenberg als Wohnung nutzte. Nach ihr erhielt das Anwesen seinen Namen.

Nach häufigem Besitzerwechsel kaufte Johann Suitbert Seibertz das Schloß im 19. Jahrhundert. Er ließ die Reste eines Burghauses und des Turmes im Jahr 1822 abbrechen. Nachdem das Herrenhaus im Winter 1902 in Flammen aufgegangen war, wurde ein Jahr später das kleine Schloß mit dem hohen Turm errichtet.

Burgruine Nordenau In Nordenau zwischen Winterberg und Schmal-lenberg, umgeben von dichten Wäldern, im romantischen Nesselbach-tal, liegt auf einem kleinen Bergkegel die Burgruine von Nordenau, auch Burg Nordena oder Rappelstein genannt.

In dieser einsamen, abgelegenen Gegend konnte die Sage von der mannstollen Gräfin Kunitza entstehen, die zwischen den Ruinen der Burg geistern soll, weil sie angeblich ihre sieben Ehemänner mit Dolch und Gift getötet hat. Dem «weiblichen Blaubart des Sauerlandes» über-kam jedoch vor dem Tod die Reue, und als Sühne vermachte die Gräfin ihr gesamtes Land und ihren Besitz den Mönchen, die auf diesem Gebiet das Kloster Grafschaft gründeten.

Historisch nachgewiesen ist dagegen, daß die Burg seit 1120 die Heidenstraße sicherte und von den Herren von Grafschaft erbaut wur-de. Die Mauern des obersten Burghofes standen auf Felsen. Erst 400 Jahre später belegt eine Chronik aus dem Jahr 1513 die Neugründung des Dorfes Nordenau. Zu dieser Zeit war die Burg schon zerstört.

Heute besteht noch ein teilweise wiederaufgebauter kompakter Turm mit quadratischem Grundriß oberhalb der barocken Ortskirche. Ein Kreuzweg führt vom Ort zur Ruine Nordenau hinauf.

Burgruine Nordenau

Schloß Berleburg

Schloß Berleburg

Schloß Berleburg Über den grauen Schieferdächern der ehemals gräflich-fürstlichen Residenzstadt Berleburg im Zentrum des Wittgensteiner Landes erhebt sich eine große, vornehm wirkende Dreiflügelanlage – Schloß Berleburg.

Die Anfänge des Schlosses liegen um das Jahr 1258, als das Kloster Grafschaft den Berg an Adolf von Grafschaft und Graf Siegfried I. von Wittgenstein verpachtete. Sie bauten eine erste Höhenburg, doch bereits 1322 gehörte sie den Wittgensteinern allein. Da es keine männlichen Erben gab, fiel der Besitz nach der Eheschließung der Tochter mit Salentin von Sayn 1345 an diese Familie.

Der Verbindung zweier Geschlechter folgte 1534 eine Teilung der Grafschaft in die Linien Sayn-Wittgenstein-Berleburg und Sayn-Wittgenstein, die aber erst 1605 endgültig vollzogen wurde.

Unter Graf Johann VI. wurde die Stadt Berleburg Residenz der Nordgrafschaft. Gräfin Margarete führte unter erheblichen Widerständen den lutherischen Glauben ein. Zu dieser Zeit, Mitte des 16. Jahrhunderts, begann auch der Schloßausbau: 1555 fingen die Bauarbeiten des Nordflügels auf alten Fundamenten an, hinzu kam der dicke «Rote

Schloß Berleburg

Turm» mit welscher Haube, der der einzige Zugang mit vorgelagerter Zugbrücke war. Das Torhaus vor dem heutigen Südflügel wurde erst 30 Jahre später hinzugefügt.

Die nächste Bauphase begann 1731 unter Graf Casimir, der den Grundstein des dreigeschossigen Mittelflügels legte. Die Entwürfe stammten vermutlich vom nassauischen Hofbaumeister Julius Rothweil. Streng und regelmäßig wirken die vielen Fenster, während der dreiachsige Mittelrisalit mit schönem Balkon der Fassade einen vornehmen Eindruck verleiht.

Gegen Ende des Jahrhunderts kam der zweigeschossige Südflügel hinzu, nachdem 1792 die Grafen von Sayn-Wittgenstein-Berleburg zu Fürsten ernannt worden waren.

Eine letzte größere Umgestaltung geschah in der Zeit von 1912 bis 1914, vor allem im Inneren des Schlosses. Gleichzeitig wurden zwei Treppentürme nach Plänen Friedrich Thierschs hinzugefügt, um den Mittelbau mit Nord- und Südflügel zu verbinden.

Der große Schloßhof wird durch eine kleine Kastanienallee und den viereckigen Brunnen etwas aufgelockert.

Das Schloßmuseum zeigt Gemälde, Möbel, Waffen und eine Fayencensammlung. Besonders erwähnenswert ist die gut ausgestattete Bibliothek mit alten Urkunden und Handschriften. Im «Weißen Saal» mit prächtigem Stuck von Johann Baptist Wicko finden im Rahmen der alljährlichen Musikwoche Konzerte statt.

Auch der Kreuzgarten, der sich hinter dem «Roten Turm» anschließt, ist mit seinem barocken Lusthaus sehenswert.

In der ehemaligen Münzwerkstätte aus dem 18. Jahrhundert wohnt heute die fürstliche Familie.

Haus Schwarzenau Dicht am Ufer in einer Ederschleife bei Arfeld liegt südöstlich von Bad Berleburg Haus Schwarzenau.

1650 erwarb Ludwig der Ältere den Besitz des Ritters Heinrich von Schwarzenau sowie andere Güter und errichtete hier ein Herrenhaus mit Vorwerk, das zu einem kleinen Jagdschloß der Fürsten von Sayn-Wittgenstein-Hohenstein ausgebaut wurde. Die Familie besitzt das Anwesen heute noch.

Haus Schwarzenau

138

Im Jahr 1788 wurde das schlichte, barocke Herrenhaus umgebaut; weitere bauliche Maßnahmen sind nicht bekannt.

Die Front des heutigen Gebäudes ist dreifach gegliedert, mit zwei fünfachsigen Seitenflügeln und einem zweiachsigen Mittelrisalit gestaltet. Den Giebel schmückt eine Hirschkopfplastik mit Hubertuskreuz. Über dem klassizistischen Portal des linken Seitenflügels ist das Wappen der Familie zu sehen. In einem ehemaligen Wirtschaftsgebäude ist heute die Försterei untergebracht.

Schloß Wittgenstein   In romantischer Lage, auf einem 470 Meter hohen Bergsporn zwischen Lahn und Laasphebach, befindet sich eine der am schönsten gelegenen Gipfelburgen – Schloß Wittgenstein.

Das Gebäude aus der Barockzeit wurde mehrfach umgebaut und beherbergt heute ein Internat.

600 Meter nordwestlich, oberhalb des Schlosses, findet man die Reste einer alten Wallburganlage aus der Zeit Karls des Großen. Erst 350 Jahre später, im Jahr 1174, wurden die Vorfahren der Wittgensteiner

Schloß Wittgenstein

erstmals genannt, und 1187 wurde die Burg mit dem Namen «Widegensteyne» urkundlich erwähnt. Nach einer Besitzteilung im Jahr 1248 wurde Siegfried I. der erste Graf von Wittgenstein. Im Verlauf des 13. und 14. Jahrhunderts dehnten die Grafen ihre Macht durch Ankäufe zahlreicher Ländereien aus. Nach einer Verbindung der Familien Sayn und Wittgenstein erfolgte eine Aufteilung der Besitztümer im Jahr 1605: Graf Ludwig erhielt Wittgenstein, sein Bruder Georg Schloß Berleburg.

Nachdem Ludwig 1651 mit der thüringischen Grafschaft Hohenstein belehnt worden war, nannte die Familie sich von Sayn-Wittgenstein-Hohenstein. 1806 wurde ihnen der Fürstentitel verliehen, doch die Familie verlor ihre Macht an Hessen, und 1816 kam das Schloß unter preußische Herrschaft und gehörte nun zur Provinz Westfalen.

Ginsburg Eine weite Aussicht über die Berge des Siegerlandes hat man von der trutzigen Wehranlage auf dem Ginsberg östlich von Hilchenbach.

Die Anfänge der Burg mit einem zweifachen Wall- und Grabensystem liegen vermutlich im späten 11. Jahrhundert; die Erbauer jener Turmburg sind jedoch unbekannt.

Im Zusammenhang mit der nassauischen Landesteilung im Jahr 1255 wurde sie erstmals urkundlich als nördlichste Landesburg der alten Grafschaft erwähnt.

Im 14. Jahrhundert mehrfach an Köln verpfändet, mußten die Nassauer 1356 die Burg dem Landgrafen von Hessen öffnen. 1384 wurde ein Freistuhl eingerichtet, der bis 1424 bestand.

Nahe der Burgmauer wurden um 1520 drei Zauberinnen aus den umliegenden Dörfern verbrannt. Im Jahr 1567 weilte Prinz Wilhelm von Oranien-Nassau für zwölf Tage auf der Ginsburg, und es gibt zahlreiche Vermutungen, er habe hier seine militärischen und politischen Pläne entwickelt, um die Niederlande von den Spaniern zu befreien. Sein Bruder Ludwig versammelte auf der Ginsberger Heide ein Heer. Doch die Befreiungsversuche mißlangen und endeten mit einer totalen Niederlage. Auf längere Sicht änderte sich die politische Lage zu seinen Gunsten; so gilt Wilhelm von Oranien als Befreier der Niederlande.

Schon 1623 waren die Mauern der Ginsburg stark verfallen. Um das Jahr 1755 besuchte Johann Heinrich Jung (genannt Jung-Stilling) sehr

Ginsburg

häufig die Ruine und sammelte alle Sagen und Erzählungen, die er von der Ginsburg hörte.

Heute ist die Ginsburg in Besitz des Landes Nordrhein-Westfalen. Unter dessen Verantwortlichkeit wurde 1961 mit Sicherungsmaßnahmen der total überwucherten Mauerreste begonnen, 1968 wurde der Bergfried restauriert.

Schloß Hainchen Östlich von Siegen, nahe der Grenze zu Hessen, liegt Schloß Hainchen, das eine architektonische Besonderheit aufweist: Obwohl die Anlage am Hang liegt, ist sie von Wassergräben umgeben.

Die Restaurierung in den siebziger Jahren dieses Jahrhunderts gelang jedoch nur bruchstückhaft, gemessen am historischen Vorbild. Rekonstruiert wurde nach der Bestandszeichnung des fürstlichen Baumeisters F. M. Ter Linden aus dem Jahr 1777.

Doch die Geschichte der Wasserburg reicht bis zum Jahr 1290 zurück, als sie erstmals in den Urkunden genannt wurde. Friedrich und Gottfried von Hain mußten 1313 die Burg an die Grafen von Nassau verkaufen, doch wurden sie gleichzeitig als Lehnsträger eingesetzt. Im 13. Jahrhundert hatten auch Verwandte namens von Bicken Anteile an der Wehranlage. Unrühmlich bekannt wurde Eckehardt von Bicken, der als Raubritter mit seinen Komplizen um 1250 den späteren Papst Urban IV. gefangennahm und ein hohes Lösegeld erpreßte.

Nachdem die Ritter von Bicken ihren Anteil ebenfalls an die Nassauer verkauft hatten, erhielten sie 1356 diesen als Lehen wieder zurück. Der nach Anerkennung und Reichtum strebende Philipp von Bicken konnte als nassauischer Oberamtmann im 15. Jahrhundert wieder alle Burgteile unter sich vereinen.

Er trieb auch den weiteren Ausbau der Burg voran und ließ 1447 die Kapelle errichten. Weitere Umbauten und Befestigungen erfolgten, auch die vier Türme kamen hinzu.

Als die Anlage Anfang des 17. Jahrhunderts an die katholische Linie derer von Nassau-Siegen verkauft wurde, hatte die kastellartige Wasserburg mit quadratischem Grundriß bereits ihre ausgeprägte Form.

Über Philipp von Fleischbein (1715) und den Prinz von Oranien (1747) kam auch dieses Schloß 1816 in preußischen Besitz. Der völlig verfallene Bau wurde 1974 von der Arbeiterwohlfahrt übernommen, die die Restaurierung von Schloß Hainchen initiierte.

Schloß Hainchen

143

Oberes Schloß in Siegen

Oberes Schloß in Siegen

Oberes Schloß in Siegen Geht man die Burgstraße in Siegens Oberstadt hinauf, steht man bald vor dem Außentor des Oberen Schlosses,
dem Herz der alten nassauischen Grafschaft auf dem höchsten Punkt
des Siegbergs.

Die Stadt Siegen wurde zwischen Köln und Nassau geteilt; die Teilung dauerte bis 1421. Vertragspartner der Kölner war der Erzbischof
Engelbert von Berg, der 1225 im Hohlweg bei Gevelsberg ermordet
wurde. Tor, Turm, Brunnen und innerer Hof wurden gemeinschaftlich
von Köln und Nassau genutzt.

Nachdem ein Brand große Teile des Schlosses zerstört hatte, begann
der Um- und Wiederaufbau. Aus dieser Zeit stammt der älteste erhaltene Teil des heutigen Schlosses, das sogenannte Bischofshaus. Etwas
später kam das Treppenhaus, die «Gotische Halle» und der heutige
«Oraniersaal» hinzu – benannt nach Wilhelm I. von Oranien, der sich
für kurze Zeit im Schloß aufgehalten hatte.

Um 1570 wurden insgesamt 66 Räume gezählt, die mit Tiernamen
gekennzeichnet waren. Weitere Anbauten zu Anfang des 17. Jahrhunderts sowie die Errichtung der Schloßkapelle folgten.

Nassau teilte sich 1623 in eine katholische und in eine calvinistische
Linie. Nach dem Friedensvertrag zu Münster 1648 wurde die ab 1670
als «Oberes Schloß» bezeichnete Anlage endgültig der katholischen
Linie von Nassau-Siegen zugesprochen.

Die unübersichtliche Baugeschichte setzte sich 1683 mit weiteren
An- und Umbauten fort. Wie die Nassauische Chronik erzählt, sollen
jedoch noch 1700 die Gebäude verwahrlost gewesen sein.

Nachdem 1815 Preußen das Anwesen übernommen hatte, wurde es
1888 für 30 400 Mark an die Stadt Siegen verkauft, die 1905 das
Museum des Siegerlandes dort eröffnete. 1937 wesentlich erweitert,
zeigt es eine Fülle von Kunstgegenständen und Sammlungen zur
Geschichte und Kultur der Region.

Im Rubenssaal, einem eindrucksvollen Raum mit reizendem Erker
und Kamin, hängen acht Originale des bekannten flämischen Malers.
Da der Vater Jan Rubens mit Anna von Sachsen, der Gemahlin Wilhelm des Schweigers, eine Liebesaffäre hatte, wurde er nach Siegen
verbannt. 1577 wurde hier Peter Paul Rubens geboren, doch zwei
Jahre später verließ die Familie die Stadt wieder.

Durch das Außentor gelangt man heute in den äußeren Burghof
und in die parkähnlichen Anlagen rund um den Schloßbau. Das massi-

Unteres Schloß in Siegen

ve viergeschossige Haintor fuhrt den Besucher in den kleinen Innenhof mit dem Grafenhaus aus verschiefertem Fachwerk und zu dem
Bischofshaus, das am spätgotischen und spitzbogigen Eingangsportal zu
erkennen ist.

Unteres Schloß in Siegen Das zweite Residenzschloß in der Oberstadt
von Siegen war Sitz einer Linie der Nassau-Siegener Grafen.

Zu Beginn des 17. Jahrhunderts lebte Johann Moritz von Nassau-Siegen, der 1652 zum Fürsten ernannt wurde, noch im ehemaligen, 1534
aufgehobenen Franziskanerkloster, dem sogenannten Nassauischen Hof.

Doch genügte das Gebäude den Wohn- und Repräsentationsbedürf-
nissen des Fürsten nicht, so daß er eine neue, hufeisenförmige Anlage
plante. Nach seinem Tod führte sein Neffe und Erbe, Fürst Wilhelm
Moritz, den Bau ab 1680 fort, doch ein großer Brand 1695 zerstörte das
unvollendete Schloß, wie auch große Teile der Stadt. Dabei ging auch
eine unschätzbar wertvolle Gemäldesammlung niederländischer Mei-
ster in Flammen auf.

Nur die Fürstengruft, die im Jahr 1669 errichtet worden war, blieb
erhalten und wurde um 1700 als Zentrum in den Neubau integriert.
Der Kurländer Flügel folgte kurze Zeit später, und erst 1717 wurde der
Wittgensteiner Flügel gebaut.

Der ursprünglich viereckige Stadtmauerturm bekam 1721 seine heutige runde Gestalt, wurde jedoch erst viel später mit dem Schloß verbunden. Heute ist in der ausgedehnten Dreiflügelanlage das Behörden-
haus untergebracht.

Schloß Junkernhees Das gut erhaltene Wasserschloß Junkernhees im
benachbarten Heestal westlich der Stadt Kreuztal zeigt sich als ein
schönes Beispiel der von Hessen beeinflußten siegerländischen Fach-
werkbaukunst.

Eine Familie von der Hees wird erstmals 1294 erwähnt. Die sogenannte «Alte Hees», die erste Wasserburg der Familie aus dem Jahr
1372, stand weiter im Nordosten und wurde 1808 bis auf die Grundmauern abgerissen.

Nach einer Spaltung der Familie von Hees infolge der Erbteilung in
der Zeit von 1513 und 1523 in zwei Linien, baute der jüngere Bruder

Schloß Junkernhees

Adam das Renaissance-Schloß mit zwei halbrunden, heute veränderten Treppentürmen. Weiterhin entstanden ein Torhaus mit Schießscharten, eine Schmiede, eine Branntweinbrennerei, eine Scheune und eine Mühle, die heute als Wohnhaus dient. Die Kapelle wurde Ende des 18. Jahrhunderts abgebrochen.

1674 durch Erbschaft an die Familie von Syberg gekommen, erfolgte eine durchgreifende Neugestaltung von Schloß Junkernhees, wobei nur die Mauern des Erdgeschosses erhalten blieben. Die Stockwerke wurden in Fachwerkbauweise mit zwei stattlichen Giebeln errichtet. Der aufwendiger gestaltete zeigt das Jahr der Fertigstellung: 1698. Lange unter Putz versteckt, wurde das Fachwerk 1905 freigelegt und an der Rückseite mit Schiefer verkleidet.

1789, zur Zeit des Verkaufs an Nassau-Oranien, hatte das Wasserschloß einen Wert von 15 000 Reichstalern. 1815 an Preußen gekommen, wurde die Anlage verpachtet und später an Privatleute verkauft.

Heute sind ein Hotel und ein Restaurant im Schloß untergebracht. Sehenswert ist vor allem der Fußboden der alten Burgküche, der im Fischgrätmuster aus Flußsteinen gestaltet ist.

Freusburg Kurz hinter der Grenze Nordrhein-Westfalens gelegen, gehören die folgenden drei Burgen streng genommen heute nicht mehr zum Einzugsgebiet des Siegerlandes, doch aufgrund früherer politischer Machtbereiche – und da die Anlagen nur wenige Kilometer außerhalb der siegerländischen Grenze liegen – sollen sie hier Erwähnung finden.

Die Freusburg thront herrschaftlich als eine der größten Burgen dieses Gebietes auf einer Kuppe im Giebelwald hoch über einer Flußschleife der Sieg im Grenzland des alten nassauischen und saynischen Siegerlandes.

1048 noch eine kleine Turmburg, wurde sie um 1100 als Stammsitz der Herren von Freusburg stark befestigt.

Nach dem Aussterben des Geschlechtes um 1220 fiel sie an die Grafen von Sayn und war die nordöstlichste Burg deren Einflußbereiches.

Von 1347 bis in den Dreißigjährigen Krieg besaß Kurtrier das Lehnsrecht über die Freusburg. Konkrete politische Ereignisse sind kaum bekannt, nur die Gründung eines Freistuhls 1372 durch Johann III. von Sayn ist überliefert.

Unter Graf Heinrich von Sayn begannen um 1540 die Bauarbeiten des heute noch bestehenden südlichen Gebäudes, das auf älteren Mauern errichtet wurde. Kurze Zeit später folgte der Nordostbau. Wann der Mittelbau, der die beiden Flügel miteinander verbindet, errichtet wurde, ist unbekannt. Sie umschließen von drei Seiten einen kleinen Innenhof der Freusburg.

1600 war das Anwesen an Kurtrier vollständig verkauft. 1633 von schwedischen Truppen besetzt, konnte Kurtrier die Burg jedoch 1637 zurückerobern.

Nach der Landgräfin von Hessen-Braubach (1652), Brandenburg-Ansbach (1741), Nassau-Usingen (1803) übernahm 1806 das Herzogtum Nassau die Freusburg, die dann 1815 aufgrund der Wiener Kongreßakte an Preußen fiel.

Seit 1922 ist die Anlage als Jugendherberge bekannt. 1928 wurde ein Gebäude, das an den Südflügel anschließt, abgerissen und anschließend völlig neu aufgebaut.

1981 drohte die Stillegung der Jugendherberge. Um den modernen Anforderungen eines Jugendgästehauses zu genügen, mußte die Burg durch einen Anbau erweitert werden; der Neubau ist jedoch dem mittelalterlichen Baustil einer Burg angepaßt, so daß die gesamte Anlage einen sehr harmonischen Eindruck macht.

Freusburg

Schloß Krottorf Das idyllisch in den Wiesen des engen Wissertales zwischen Friesenhagen und Freudenberg gelegene Schloß Krottorf ist eines der schönsten Wasserschlösser des Siegerlandes.

Auf dem Grund des im 13. Jahrhundert erstmals genannten Lehnshofs Crottorf ließ Johann von Seelbach um das Jahr 1550 die noch heute bestehende Anlage errichten. Die Hauptburg ist bis heute noch fast vollständig erhalten.

Seit der zweiten Hälfte des 16. Jahrhunderts ist die ganz von einer Mauer umgebene Schloßanlage im Besitz der Familie von Hatzfeldt-Wildenburg.

Die auf zwei fast gleich großen Inseln liegenden Gebäude betritt man über eine hochziehbare Steinbrücke, die auf das Torhaus aus dem Jahr 1685 zuführt. Letzteres ist mit einem achtseitig geschweiften Zeltdach und einem Uhrtürmchen geschmückt. Über eine zweite Steinbrücke erreicht man die Vorburg, die von zwei Rundtürmen mit Kegeldächern flankiert wird. Der nordwestliche Bau hat ein Fachwerkobergeschoß mit zwei Fachwerk-Erkern, wovon der eine mit einer Sonnenuhr aus dem 18. Jahrhundert ausgestattet ist.

Schloß Krottorf

Die dritte Steinbrücke schließlich verbindet die offene Vorburg mit der dreiflügeligen Hauptburg. Vier hohe Rundtürme mit welschen Hauben umrahmen schmückend das Herrenhaus. Während die beiden unteren Geschosse aus Bruchstein gemauert sind, ist das Obergeschoß verschiefert. Die Verwendung der beiden Materialien – Bruchstein und Schiefer – verleiht der Architektur dieses Wasserschlosses einen recht eigenwilligen Charakter.

Ruine Wildenburg Nicht weit von Schloß Krottorf entfernt liegen sehr malerisch auf einem Hügel im Wiesental, einem der schönsten Orte des Siegerlands, die Ruinen der Wildenburg, eines einstmals stolzen, trutzigen Bauwerks.

Die idyllisch gelegene Burg wurde um 1150 zur Sicherung des vorbeiführenden Eisenweges gebaut – der von Betzdorf-Kirchen ins Biggehochland führte – und war seit Beginn des 13. Jahrhunderts der Stammsitz der Wildenburger, die sich kurze Zeit zuvor von der Familie Aremberg abgezweigt hatten.

Als die Familie von Wildenburg im 15. Jahrhundert schließlich ausstarb, gelangte die Burg an die Ritter von Hatzfeldt-Wildenburg.

In der Zeit von 1806 bis 1813 war Wildenburg Verwaltungszentrum des gleichnamigen Kantons im Großherzogtum Berg. 1815 fiel die Burg an Preußen; heute ist die Ruine im Privatbesitz der Familie von Hatzfeldt-Wildenburg.

Im Nordosten wird die Ruine von einem Graben geschützt, die anderen Seiten sind aufgrund der Steilhänge nicht zugänglich. Um 1830 war die Anlage noch vollständig erhalten, was für eine Burg, deren Anfänge weit in das 12. Jahrhundert zurückreichen, sehr außergewöhnlich war, doch leider wurde die Burg danach als Steinbruch genutzt und zerfiel in der Folgezeit.

Erhalten blieb lediglich ein 20 Meter hoher Rundturm mit einem Umfang von 22 Metern sowie ein Gebäude, das heute als hatzfeldt-wildenburgische Revierförsterei dient.

Reste zweier Türme, des Zwingers, zweier Tore sowie weiterer Gebäude lassen die ehemaligen Ausmaße und die vergangene Schönheit des Anwesens nur noch erahnen.

Unterhalb der Burg erstrecken sich nach Süden und Westen schöne Terrassenanlagen, ehemalige Barockgärten.

Ruine Wildenburg

Wegweiser

Schloß Adolphsburg S. 74
Eine Außenbesichtigung ist jederzeit möglich.
Zufahrt von Kirchhundem in Richtung Bad
Laasphe. Am Ortseingang von Oberhundem
liegt das Anwesen.
5942 Kirchhundem-Oberhundem

Schloß Alme S. 119
Besichtigung nur von öffentlichen Wegen aus
möglich, der Innenhof ist nicht zugänglich.
Zu erreichen über die B 480 von Brilon nach
Wünnenberg, im Ort Alme.
5790 Brilon-Alme

Burg Altena S. 46
Museum Grafschaft Mark, Märkisches
Schmiedemuseum, Deutsches Drahtmuseum
und das Jugendherbergsmuseum befinden
sich in Burg Altena. Eine Besichtigung der
Burg sowie der Museen ist von Dienstag bis
Sonntag von 9.30 bis 17 Uhr möglich. Die
Anlage ist zu erreichen über die A 46, Abfahrt
Letmathe/Oestrich und die B 236 nach Alte-
na, dort ist der weitere Weg ausgeschildert.
5990 Altena

Haus Amecke S. 85
Eine Besichtigung ist nur von öffentlichen
Wegen aus möglich. Anfahrt von Balve über
die B 229 in Richtung Werdohl, in Langen-
holthausen nach Amecke abbiegen. Am Ortsausgang liegt das Anwesen.
5768 Schmallenberg-Amecke

Schloß Antfeld S. 118
Von außen ist eine Besichtigung nur von den
öffentlichen Wegen aus möglich. An der B 7
zwischen Meschede und Brilon gelegen.
5787 Olsberg-Antfeld

Schloß Arnsberg S. 100
Die Anlage ist jederzeit zu besichtigen. Unterhalb des Burgtores ist ein kleines Feuerwehr-
museum eingerichtet. In Arnsberg vom Alten
Markt bergan gehend, erreicht man das
Schloß.
5760 Arnsberg

Schloß Badinghagen S. 62
Der Komplex ist nur vom Weg aus zu besichtigen. Zu erreichen über die A 45, Abfahrt
Meinerzhagen, von dort in Richtung Bergneu-
stadt, bei Niederbadinghagen links abbiegen.
5882 Meinerzhagen

Haus Bamenohl S. 78
Von der Straße hat man einen Blick in den
Innenhof, eine weitere Besichtigung ist auf
Anfrage möglich. Das Gebäude liegt an der
B 236 am Ortsausgang von Finnentrop in
Richtung Grevenbrück, der Einmündung der
von Fretter kommenden Straße gegenüber.
5950 Finnentrop-Bamenohl

Haus Berge S. 110
Eine Außenbesichtigung ist von öffentlichen
Wegen aus möglich. In Freienohl an der B 7

zwischen Meschede und Arnsberg abbiegen,
Richtung Sundern, gleich am Ortseingang von
Niederberge gelegen.
5778 Meschede-Berge

Schloß Berleburg S. 132
Jederzeit von außen zu besichtigen, in der
Reisesaison werden regelmäßig Führungen
um 10.30 und 14.30 Uhr durchgeführt; Grup-
pen jederzeit nach Vereinbarung. Zufahrt
über die B 480; in Bad Berleburg ist der Weg
genauer ausgeschildert.
5920 Berleburg

Burg Bilstein S. 71
Von außen jederzeit zu besichtigen, innen auf
Anfrage. An der B 55 zwischen Grevenbrück
und Olpe gelegen.
5940 Lennestadt-Bilstein

Schloß Bruchhausen S. 126
Eine Außenbesichtigung ist auf Anfrage
gestattet. Da das Schloß privat bewohnt wird,
ist keine Innenbesichtigung möglich. Von der
B 7 Brilon – Meschede in Richtung Olsberg
abbiegen, von dort nach Elleringhausen/
Bruchhausen.
5787 Olsberg-Bruchhausen

Schloß Canstein S. 124
Kann von außen jederzeit besichtigt werden,
die Innenanlage nur auf Anfrage. Von Marsberg in Richtung Leitmar/Canstein fahren.
3538 Marsberg-Canstein

Haus Düsse S. 34
Von außen immer zu besichtigen, eine Besichtigung des Inneren ist nur auf Anfrage möglich. Zufahrt von Lippstadt nach Eickelborn,
dort in Richtung Ostinghausen abbiegen.
4772 Bad Sassendorf-Ostinghausen

Haus Echthausen S. 39
Besichtigung von außen nur von den Wegen
aus. Von der A 445, Abfahrt Neheim, auf der
B 7 in Richtung Wickede, rechts abbiegen
nach Echthausen.
5757 Wickede-Echthausen

Schloß Eggeringhausen S. 20
Eine Besichtigung ist nur nach einer Voranmeldung möglich. Von der B 55 Belecke-
Anröchte nach Mellrich abbiegen. Rechts vor
dem Ort liegt das Schloß in den Feldern.
4783 Anröchte-Mellrich

Schloß Eringerfeld S. 21
Von außen ist eine Besichtigung immer möglich. Zufahrt über die B 1, bei Geseke nach
Eringerfeld abbiegen.
4787 Geseke-Eringerfeld

Schloß Erwitte S. 27
Lediglich eine Außenbesichtigung ist möglich. Nördlich der Kirche in Erwitte gelegen,
an der B 1 von Soest Richtung Paderborn.
4782 Erwitte

Burgruine Eversberg S. 112
Eine Besichtigung ist zu allen Zeiten möglich.
An der B 7 Meschede – Brilon in Wehrstapel
nach Eversberg abbiegen. Ein Fußweg führt
von der Kirche aus zur Burgruine.
5778 Meschede-Eversberg

Burghaus Freseken S. 96
Von außen ist das Anwesen jederzeit zu
besichtigen. In Neheim an der B 7 direkt an
der Ruhrbrücke gelegen.
5760 Arnsberg-Neheim

Freusburg S. 152
Zu allen Zeiten von außen zu besichtigen,
innen nur auf Anfrage. Über die A 45, Abfahrt Siegen, über die B 62 Richtung Betzdorf.
5242 Kirchen-Freusburg

Schloß Gevelinghausen S. 115
Eine Außenbesichtigung ist auf Anfrage im
Schloßhotel möglich. Von der B 7 Brilon –
Meschede in Bestwig (Richtung Geveling-
hausen).
5787 Olsberg-Gevelinghausen

Ginsburg S. 140
Nur die Außenanlagen der Burg sind zugänglich. Von Hilchenbach über die B 508 in Rich-

tung Erndtebrück zu erreichen; von Lützel
führt eine Straße zur Ginsburg.
5912 Hilchenbach-Lützel

Burgruine Hachen S. 87
Die Ruine kann jederzeit besichtigt werden.
Sie liegt im Ort Hachen an der B 229 zwischen Balve und Neheim-Hüsten.
5768 Sundern-Hachen

Schloß Hainchen S. 142
Von außen jederzeit zu besichtigen. Zufahrt
über die B 62 Erndtebrück – Siegen, in Netphen abbiegen nach Deuz/Hainchen.
5902 Netphen-Hainchen

Haus Hemer S. 44
Von außen ist eine Besichtigung möglich. Zu
erreichen über die A 46, Abfahrt Hemer, im
Ort am Abzweig Richtung Sümmern an der
Kirche gelegen.
5870 Hemer

Schloß Herdringen S. 90
Die Außenanlagen sind nur vom Park aus zu
besichtigen; der Internatsteil auf Voranmeldung. Zu erreichen ist das Schloß von
Neheim-Hüsten über die B 229 Richtung
Sundern.
5760 Arnsberg-Herdringen

Schloß Herringhausen S. 19
Von außen nur auf Voranmeldung zu besichtigen. Zufahrt von Lippstadt in Richtung
Eickelborn.
4780 Lippstadt-Herringhausen

Hirschberger Tor S. 105
Ist jederzeit zu besichtigen. Vom Neuen Markt
in Arnsberg in Richtung Propsteikirche
gehen.
5760 Arnsberg

Hohenlimburg S. 53
Außer dem inneren Burghof ist die Anlage
jederzeit zu den Besucherzeiten zu besichtigen. Das Museum ist von April bis September
dienstags bis sonntags in der Zeit von 10 bis

18 Uhr geöffnet. Die Hohenlimburg ist zu
erreichen über die A 46, Abfahrt Hagen-Hohenlimburg; der Weg ist ausgeschildert.
5800 Hagen-Hohenlimburg

Schloß Höllinghofen S. 41
Eine Besichtigung wird nur in seltenen Fällen
auf Voranmeldung gestattet, sonst kann das
Schloß nur von den dafür vorgesehenen
Wegen aus besichtigt werden. Von der A 445,
Abfahrt Neheim, über die B 7 in Richtung
Wickede, hinter Voßwinkel nach Stockei
abbiegen.
5760 Arnsberg-Voßwinkel

Schloß Junkernhees S. 150
Besichtigung von außen jederzeit, innen nur
im Rahmen des Hotel- und Restaurantbetriebes möglich. Zufahrt über die A 45, Abfahrt
Freudenberg, in Richtung Freudenberg, rechts
ab über Bühl, Oberholzklau, Oberhees nach
Junkernhees.
5910 Kreuztal-Krombach

Burg Klusenstein S. 44
Eine Außenbesichtigung von den öffentlichen
Wegen ist jederzeit möglich, der Burghof ist
auf Anfrage hin betretbar. Zu sehen von der
B 515 zwischen Volkringhausen und Lendringsen. Zufahrt zur Burg über die Nebenstraße in Richtung Hemer, dann zweimal die
erste Straße links fahren.
5983 Balve-Volkringhausen

Schloß Körtlinghausen S. 25
Außenbesichtigung von den öffentlichen
Wegen jederzeit, nähere Besichtigung mit
Führung nur nach schriftlicher Voranmeldung
möglich.
4784 Rüthen-Kallenhardt

Schloß Krottorf S. 154
Von außen zu besichtigen während der Öffnungszeiten von April bis Oktober täglich von
10 bis 18 Uhr, freitags jedoch nicht. Über die
A 45, Abfahrt Freudenberg, zu erreichen. In
Freudenberg Richtung Friesenhagen/Krottorf.
5221 Krottorf

Schloß Laer S. 108
Eine Außenbesichtigung ist nur nach Voranmeldung möglich. Von Meschede die B 7 in Richtung Arnsberg fahren, nach etwa zwei Kilometern nach Calle abbiegen. An der ersten Kurve liegt das Wasserschloß.
5778 Meschede

Landsberger Hof S. 97
Von außen jederzeit zu besichtigen. Das sich in den dortigen Räumlichkeiten befindliche Sauerlandmuseum kann von Montag bis Freitag von 9.30 bis 12.30 Uhr und von 14 bis 17 Uhr besichtigt werden. Sonntags hat das Museum von 9.30 bis 12.30 Uhr geöffnet. Das Gebäude liegt am Alten Markt im Zentrum von Arnsberg.
5760 Arnsberg

Schloß Lenhausen S. 79
Jederzeit ist eine Außenbesichtigung möglich. Das Schloß liegt an der B 236 am Ortsausgang von Lenhausen in Richtung Rönkhausen.
5950 Finnentrop-Lenhausen

Haus Lohe S. 37
Nur von öffentlichen Wegen aus zu besichtigen. Über die B 1 von Werl nach Soest; in Werl ist der Weg ausgeschildert.
4760 Werl

Schloß Melschede S. 87
Eine Außenbesichtigung ist auf Anfrage möglich. Auf der B 229 von Balve nach Neheim-Hüsten, zwischen Beckum und Hövel in Richtung Langscheid abbiegen, die erste Straße rechts führt auf das Schloß zu.
5768 Sundern-Melschede

Kommende Mülheim S. 33
Eine Besichtigung von außen ist möglich. Die Kommende ist in Sichtigvor an der B 516 von Werl Richtung Rüthen gelegen.
4788 Warstein-Sichtigvor

Haus Nehlen S. 36
Von außen ist eine Besichtigung möglich. Von Soest aus zu erreichen über die B 475 in Richtung Beckum, vor Oestinghausen nach Welver-Berwicke abbiegen.
4777 Welver-Berwicke

Schloß Neuenhoff S. 57
Die Anlage ist lediglich von außen zu besichtigen. Von Lüdenscheid auf der B 229 in Richtung Hagen/Kierspe fahren, dann links in die Neuenhofer Straße einbiegen.
5880 Lüdenscheid

Burgruine Nordenau S. 129
Eine Besichtigung ist jederzeit möglich. Die Zufahrt über die B 236 Schmallenberg – Winterberg fahren, dann die Nebenstrecke über Altastenberg/Nordenau nehmen.
5948 Schmallenberg-Nordenau

Haus Obersalwey S. 77
Eine Besichtigung ist nur von den öffentlichen Wegen aus gestattet. Von Eslohe an der B 55 in Richtung Fretter nach Obersalwey fahren, dort befindet sich das Gebäude am Ortsausgang.
5779 Eslohe-Obersalwey

Haus Oedenthal S. 61
Eine Außenbesichtigung des Anwesens ist nur auf Anfrage möglich. Haus Oedenthal ist von Lüdenscheid aus zu erreichen über die B 229 in Richtung Schalksmühle, in Hammerhaus rechts abbiegen.
5880 Lüdenscheid

Haus Ostwig S. 114
Das Haus ist nur von öffentlichen Wegen aus zu besichtigen. Bei Bestwig an der B 7 zwischen Brilon und Melschede die Abzweigung Richtung Gevelinghausen nehmen. Gleich links am Ortseingang liegt Haus Ostwig.
5780 Bestwig-Ostwig

Schloß Overhagen S. 15
Die Außenanlagen sind jederzeit zu besichtigen. Zu erreichen von Lippstadt in Richtung Eickelborn.
4780 Lippstadt-Overhagen

Schloß und Burgen Padberg S. 123
Das Schloß ist nur von außen zu besichtigen.
In Bredelar an der B 7 zwischen Brilon und
Marsberg die Abzweigung nach Beringhau-
sen/Padberg nehmen. Das Gebäude und die
Ruinen liegen rechts von der Straße nach
Adorf.
3538 Marsberg-Padberg

Haus Rhade S. 63
Von den öffentlichen Wegen aus jederzeit
oder nach Anfrage auch näher zu besichtigen.
Von Lüdenscheid aus erst über die B 229 in
Richtung Hagen/Kierspe fahren, vor Brügge
abbiegen.
5883 Kierspe

Haus Rödinghausen S. 39
Nur eine Außenbesichtigung ist erlaubt.
Zufahrtmöglichkeiten über die B 515 Menden
– Balve; hinter dem Ortsausgang Lendringsen
in Richtung Oberrödinghausen an der Hönne
gelegen.
5750 Menden-Lendringsen

Jagdschloß Sankt Meinolf S. 104
Eine Außenbesichtigung ist jederzeit möglich.
Von Arnsberg auf der B 229 Richtung Soest,
hinter Breitenbruch rechts nach Neuhaus/
Sankt Meinolf abbiegen.
4773 Möhnesee-Körbecke

Haus Sassendorf S. 32
Nur vom Kurpark aus zu besichtigen, eine
Innenbesichtigung wird nicht gestattet.
Zufahrt zu dem Anwesen über die A 44,
Abfahrt Soest-Ost, in Richtung Soest/Bad Sas-
sendorf.
4772 Bad Sassendorf

Schloß Schellenstein S. 116
Von außen ist das Schloß jederzeit zu besichtigen. Zufahrt über die B 7 Meschede – Brilon,
zwischen Nuttlar und Antfeld die Abzweigung
nach Olsberg/Winterberg nehmen. Links am
Ortseingang des Städtchens Bigge liegt das
Schloß.
5787 Olsberg-Bigge

Burg Schnellenberg S. 64
Eine Außenbesichtigung ist immer möglich.
Das Burginnere kann nur im Rahmen der
Nutzung und die Waffenkammer von Diens-
tag bis Donnerstag in der Zeit von 12 bis 17
Uhr und Freitag bis Sonntag von 10 bis 17
Uhr besichtigt werden.
Der Weg zur Burg ist von Attendorn an aus-
geschildert.
5952 Attendorn

Haus Schwarzenau S. 138
Nur von der Straße aus kann das Anwesen
besichtigt werden. Die Zufahrt erfolgt über
die B 480 von Bad Berleburg, in Raumland in
Richtung Hatzfeld abbiegen.
5920 Bad Berleburg-Schwarzenau

Burgruine Schwarzenberg S. 83
Eine Besichtigung ist jederzeit möglich. Über
die B 236 von Plettenberg in Richtung Finnentrop, dann die Abzweigung nach Pasel,
von dort bergan die in den Wald führende
Straße fahren.
5970 Plettenberg

Schloß Schwarzenraben S. 12
Der Park mit der Orangerie ist nicht zu
besichtigen, die übrigen Außenanlagen können jederzeit besucht werden.
Von der B 55 bei Lippstadt abbiegen, in Richtung Bökenförde fahren, hinter dem Ort links
geht es zum Schloß.
4780 Lippstadt-Bökenförde

Oberes Schloß in Siegen S. 144
Das Schloß ist von außen jederzeit zu besichtigen. Das Museum ist von Dienstag bis Sonntag von 10 bis 12.30 Uhr und 14 bis 17 Uhr
geöffnet. Hier befindet sich die bedeutendste
Porträtsammlung Nassaus und Oraniens in
der Bundesrepublik, ein Schaubergwerk und
eine wissenschaftliche Bibliothek. Ausstellun-
gen finden im Schloß statt, im Hof ist ein
Burgrestaurant eingerichtet.
Das Schloß ist zu erreichen über die A 45,
Abfahrt Siegen.
5900 Siegen

Unteres Schloß in Siegen S. 149
Der Komplex ist nur von außen zu besichtigen. Anfahrt über die A 45, Abfahrt Siegen.
Das Schloß befindet sich in der Oberstadt.
5900 Siegen

Haus Tinne S. 122
Eine Besichtigung von außen ist möglich.
Man gelangt zu dem Anwesen über die B 480
Brilon – Wünnenberg; in Alme nach Oberal-
me abbiegen.
5790 Brilon-Alme

Haus Welschenbeck S. 31
Von außen ist eine Besichtigung möglich.
Zufahrt über die B 516 Körbecke – Brilon, am
Ortsausgang Belecke in Richtung Sichtigvor
nahe dem Industriekomlex gelegen; ein Fußweg führt zu Haus Welschenbeck.
4788 Warstein-Belecke

Haus Wenne S. 111
Kann nur aus der Entfernung besichtigt werden, sonst ist eine Besichtigung erst nach
Anmeldung möglich. Über die B 55 Meschede
– Grevenbrück rechts vor der Abzweigung
nach Wenholthausen kurz vor Eshohe
gelegen.
5779 Eslohe

Schloß Wittgenstein S. 139
Kann von außen jederzeit besichtigt werden.
Von Bad Laasphe aus über die B 62 in Richtung Erndtebrück ist die Zufahrt ausgeschildert.
5928 Bad Laasphe

Schloß Wildenberg S. 128
Von außen immer zu besichtigen. Zufahrt
über die B 480 Brilon – Winterberg, hinter
Olsberg nach Siedlinghausen abbiegen. Das
Schloß liegt an der Kirche in Brunskappel.
5787 Olsberg-Brunskappel

Ruine Wildenburg S. 155
Das Anwesen ist nur von den Wegen aus zu
besichtigen. Über die A 45, Abfahrt Freudenberg, zu erreichen, in Freudenberg Richtung
Friesenhagen, dort nach Wildenburg
abzweigen.
5221 Wildenburg

Schloß Wocklum S. 86
Von den öffentlichen Wegen aus oder nach
vorheriger Anmeldung von außen zu besichtigen. Anfahrt über die B 229 von Balve, kurz
vor Helle rechts abbiegen in Richtung Luisen-
hütte.
5983 Balve-Volkringhausen

Literaturverzeichnis

Achenbach, Friedrich-Wilhelm: Die Wildenburg im Jahre 1825. In: Siegerland. Blätter des
  Siegerländer Heimatvereins e. V., Band 32, Heft 1/1955
Ackermann, F./Bruns, A.: Burgen, Schlösser und Klöster im Sauerland. Arnsberg 1985
Alvensleben/Koenigswald: Mauern im Strom der Zeit. Berlin/Frankfurt/M. 1969
Arens, Detlev: Sauerland. DuMont Kunstreiseführer, Köln 1985
Die Bau- und Kunstdenkmäler von Westfalen: Handbücher insbesondere zu den ehemaligen
  Kreisen Altena, Arnsberg, Brilon, Lippstadt, Meschede, Siegen, Soest und Wittgenstein.
  Münster 1893 ff.
Bilstein. Land, Burg, Ort. Bilstein 1975
Burg Hainchen. Siegen 1963
Busch, Friedhelm: Schloß Hainchen. Siegen 1981
Enste, Anton: Burg Schnellenberg. Herdringen 1961
Fittig, Eduard: Nachrichten über die Rittergüter Listringhausen und Badinghagen.
  Meinerzhagen 1926
Fischer, Ferdy/Anneser, Tony: Burgen, die von Bergen blicken – Schlösser, die in Tälern
  träumen. Münster 1986
Freiligrath, F. und Schücking, L.: Das malerische und romantische Westfalen. Leipzig 1841
Großmann, G. Ulrich: Östliches Westfalen. DuMont Kunstreiseführer, Köln 1983
Hansmann, Wilfried: Kunsthistorischer Wanderführer Westfalen. Herrsching 1984
Heimatchronik des Kreises Lüdenscheid. Köln 1971
Hoischen, A.: Wasserburgen an der Ahse. In: Heimatkalender Kreis Soest 1968
Kiepke, Rudolf: Schloß und Schule Overhagen. Lippstadt 1978
Koch, Herbert: Schloß Berleburg. Große Baudenkmäler, Heft 217, München/Berlin 1972
Kreft, H. und Soenke, J.: Die Weserrenaissance. Hameln 1964.
Kracht, August: Alte Herrensitze im Wälderkranz. In: Meinerzhagen (Märkischer Kreis),
  Meinerzhagen 1980
Kracht, August: Burgen und Schlösser im Sauerland, Siegerland, Hellweg, Industriegebiet.
  Frankfurt/M. 1976
Lamothe-Houdancourt, H. de: Die Schloßbaumeister des kurkölnischen Sauerlands.
  In: Heimatblätter des Kreises Lippstadt Nr.7/1928
Lobbedey, Uwe: Burg Hachen. In: Westfalen. Hefte für Geschichte, Kunst und Volkskunde.
  61. Band, Münster 1983/I
Manskopf, Hermann: Die Restaurierung der Ruine Ginsburg. In: Siegbild Nr. 2–3/1965

Maoro, Ernst: Schloß Eringerfeld in Eringerfeld. In: Schlösser, Burgen, Herrensitze
  in Ostwestfalen/Lippe. Bielefeld 1986

Mues, Willi: 1150 Jahre Erwitte. Erwitte 1986

Mummenhoff, Karl E.: Schlösser und Herrensitze in Westfalen. Frankfurt/M. 1958

Mummenhoff, Karl E.: Die Baudenkmäler in Westfalen. Dortmund 1968

Mund, F.: Barock im Südsauerland. Die Bildhauer Nikolaus und Johann Theodor Düringer.
  Olpe 1970.

Neweling, Erich: Schloß Wittgenstein und Schloß Berleburg. In: Siegbild Nr. 2–3/1965

Nordmar, Erich: Schloß Hohenlimburg. Hagen 1960

Pieler, Franz-Ignaz: Das Ruhrthal. Reise auf der Ruhrthal-Eisenbahn. 1881

Preising, Rudolf: Rittersitze im Amt Werl. In: Heimatkalender des Kreises Soest 1963

Roedig, Bernd: Die Nassauer Schlösser in Siegen. In: Siegbild Nr. 2–3/1965

Scholl, Gerhard: Von Burgen und Schlössern im Siegerland. In: Siegerland zwischen gestern und
  morgen. Siegen 1965

Scholl, Gerhard: Von Burgen und Schlössern im Siegerland. Kreuztal 1971

Tillmann, C.: Lexikon der deutschen Burgen und Schlösser. Bd. 1–4, Stuttgart 1958–61

Wiebringhaus, H.: Westfälische Wasserburgen. Recklinghausen 1958

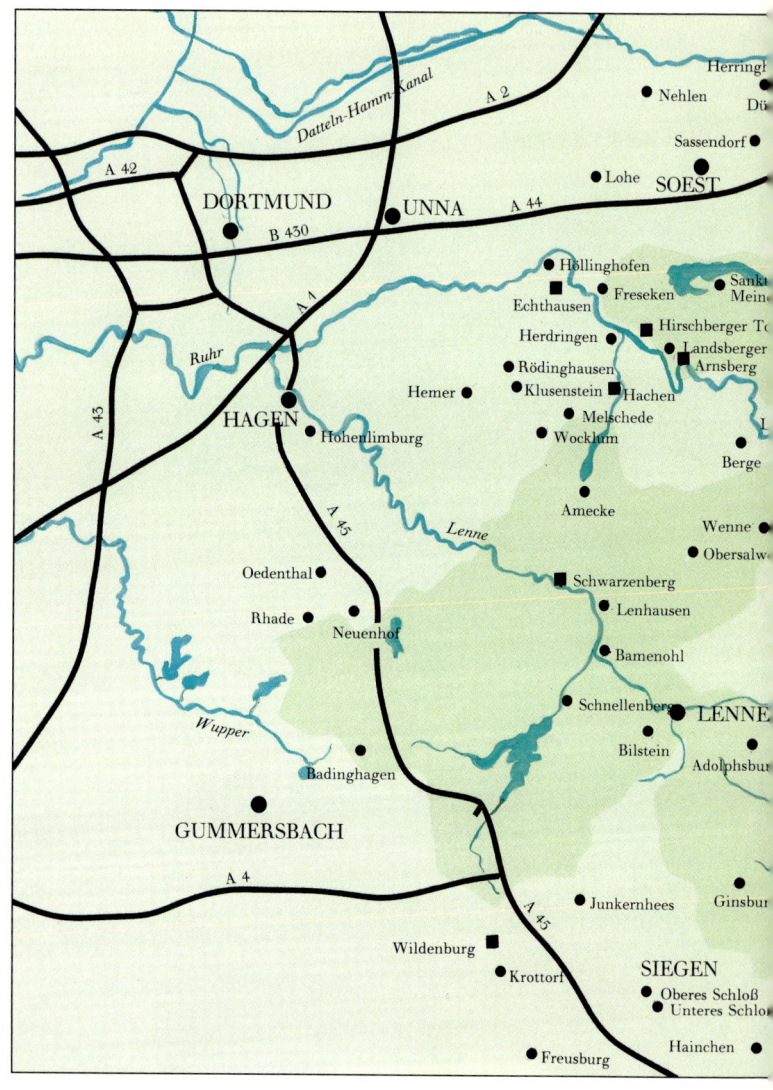

Lippe

Overhagen ● ● Schwarzenraben

● Erwitte

A 44

● Eringerfeld

● Eggeringhausen

● Welschenbeck
lheim

● Körtlinghausen ● ● Almerfeld
Alme ● Tinne

■ Padberg

● Canstein

Diemel

● Antfeld
■ ● Ostwig ● Schellenstein
versberg ● Gevelinghausen
● Bruchhausen

● Wildenberg

● **WINTERBERG**
■ Nordenau

● Berleburg
● Schwarzenau

● Wittgenstein

● Schloß
■ Ruine

167

Inhalt